점點이 선상線上에서

점點이 선상線上에서

김종순

도서출판 책마루

시인의 말

　차라리 모르고 살면 편할까요? 지구가 초속 260km의 속도로 우주를 항진하고 있다는데 우린 그걸 못 느끼고 살기에 현기증이 안나는것처럼, 사회적으로나 정치적으로 숱한 갈등과 사건사고가 그칠 새 없는데다가 최근에는 메르스라는 전염병이 온 나라를 초 긴장상태로 몰아가 나라 안 팎으로 국위가 실추되고 있는데 나도 모르는 사이에 코리언의 자존심이 동반 추락해 있다는 사실입니다. 후발 개도국에 손가락질을 당하고도 가만히 있을 수는 없지 않습니까? 또다시 허리띠 졸라매고 비지땀을 흘리면서 열심히 삽질하여 무너진 둑을 복구해야 하겠습니다. 모두가 각자의 위치에서 본연의 임무에 충실하다 보면 우리의 참 모습이 되살아 나리라고 믿습니다. 비록 정치인이 아니고 큰 실업가가 아니라 하더라도 세상물정을 도외시하고 유유자적하면서 관망만 해서야 되겠습니까? 현실을 직시하여 예리한 분석으로 미래에 대한 정신적 지표를 제시함으로써 국가사회 발전에 일익을 담당하는 역할을 해 낸다면 그 외에 무엇을 더 바라겠습니까? 메말라가는 정서의 솥에 감정이라는 물을 부어 열정이라는 불을 지펴 살맛 나는 세상이라는 밥을 짓는데 미력이나마 보탬이 되고자 협조해 주신 모든 분께 감사의 인사 올리면서 이 책을 냅니다.

2015년 9월

김 종 순(金江山) 松岩

목차

시인의 말 · 4

1부
여명

일출-정동진에서 · 12
고 한주호 해군 준위 · 14
뿔난 대나무와 소쩍새 · 16
딸-시집보내는 날 · 18
한가위 보름달 · 20
별을 헤는 밤 · 21
부자 · 22
꽃비 · 24
꿈 · 26
나는 이제야 알았습니다 · 28
동장군의 기세 · 30
봄은 오는데 · 31

2부

낙원

신도림역 · 34
동터오는 제주 해변 · 36
만추의 울산 바위 · 38
동해안 가을 풍경 · 40
귀로 · 42
소요산 · 44
거문도/백도 · 48
너와 나, 우리 모두는 · 50
물 · 52
연자매 · 54
가는 봄 · 55
오르고 내림의 미학 · 56
성주산 둘레길 · 58
산에서 · 59

3부

풍경 속에 그려진 삶

초동서곡 · 62

사량도 · 64

길 위의 길 · 66

지구를 떠나는 날 · 68

낚시터 · 70

달빛 연가 · 73

해후 · 74

영웅이 된 사나이들 · 76

예쁜 떼보 · 78

대한의 딸, 우주에 서다 · 80

어머니의 선물 · 82

계사년 섣달 그믐 날 · 84

자두꽃 소녀 · 86

4부

희비쌍곡선

아주 먼 여행 · 90

이 몸 한 개 별이 되어 · 92

대 참사 그 후 · 94

내 마음 · 96

오! 인천 · 98

꿈(희망) · 100

오우가 · 102

회상 I, II, III · 104

혹한의 연말 · 110

아들아 · 112

추억 · 114

종이배 · 116

망국의 한 · 118

시류 · 119

망신일세 그려! · 120

5부

공수레공수거

기도 · 124
지금 우리는 · 126
동행 · 129
그런 친구로 살자 · 132
설날 풍경 · 134
점이 선상에서 · 136
왜 하필 당신은 · 138
당신의 꽃밭 · 140
빚쟁이 · 142

1부
여명

일출
−정동진에서

여명에 어둠이 갈라지자
파도가 숨을 죽인다
동녘 저편에 하늘이 열리고
선명한 수평선이 드러나면서
검은 바다 너울너울
힘겨운 몸부림

드디어 빛 가운데 솟아오른
거대한 불덩이
바다가 붉은 알을 낳았다
행여 다칠까 봐
두껍게 둘러싼 빛의 휘광
찬연한 코로나

이 장엄한 순간이
오늘 하루의 출발이요
을미년의 시작이라
거침없이 솟아오르는 태양
우주의 영원한 아그니

솟아 솟아 오르면서
온 누리에 빛이 퍼지고
산도 물도 나무도 공기도
천지간의 온갖 생명들이
철썩이는 파도와 함께
이 찬란한 아침을 노래한다

故 한주호 해군 준위
−백령도 앞바다

비바람이 불고 파고가 높다고
수온이 낮고 유속이 빠르다고
탁류로 한 치 앞이 안 보인다고
지금 물속에 잠겨있는
내 동지들을 보고만 있으라느냐

그들의 어머니, 아버지
그들의 아내와 자식들
그들의 형제 자매
지금 피를 토하며 울부짖는
저 처절한 절규를
듣고만 있으라느냐

안전장구 챙길 틈도 없이
큰 충격과 함께 부지불식간에
두 동강이 나버린
천이백 톤 급의 초계함, 천안 호
그 속에서 헤어나지 못하고 수몰된
안타까운 수많은 내 전우들

그들에겐 일각이 여 삼추라
내 어찌 악천후를 탓하고만 있으랴

지금까지의 내 모든 것은
이때를 위해 다져온 것이리라
수많은 구조대원을 길러온 내가
일말의 망설임인들 있겠느냐
내 전우들을 구해야 한다

깊은 바다 뻘 속에 갇힌
전우들을 구조하려다
이내 그들과 함께 가신 용사여
대한의 위대한 해군전사여!
님이 그렇게 가신지도 닷새가 되었건만
동지들 구조소식은 아직도 막연하니
참담한 이 지경을 어찌하오리까
님이시어, 부디 저승에서라도
그들을 챙기시어 영생복락 누리소서!

뿔난 대나무와 소쩍새

휘이 휘이
새야 날아가라
앉을 곳이 없어서
여기에 앉았느냐
실바람만 불어도
심하게 흔들리는
대나무란다

왜소한 딱따구리도
크고 듬직한 나무에
성한 가지만을 찾는데
버거운 듯 무겁고
소리 예쁜 너는
까치더냐, 부엉이더냐
어서 날아가거라
큰 나무에 앉거라

참새도 뱁새도 까마귀들도
철 따라 이곳 저곳

좋은 곳을 찾는데
너는 어찌 여기 앉아
약한 가지만 탓하느냐
새야 날아가라
휘이 휘이

딸
−시집 보내는 날

솔개가 새끼를
낭떠러지로 떨어뜨려
날갯짓을 시키듯이
둥지를 떠날 때까지
애지중지, 애면글면
해온 지난 사십 년

빈틈없이 갈고 닦은
찬연한 보석인 듯
파도에 밀리고 씻겨
다듬어진 바닷가의 몽돌인 듯
스스로를 담근질 하며
이겨낸 지난 세월 속에서
오롯이 곱고 예쁘게 성숙한 너

하얀 드레스에 면사포를 쓰고
다소곳이 미소를 띤 네 모습은
세상을 달관한 천사인듯하구나!
이제 너의 손을 놓아 보내니

그곳이 어디인들 큰 날개 펼치고
훨훨 날아 보려무나!
하늘과 땅 사이가
부모마음인 것을 알게 되리라

한가위 보름달

찬연한 노을 빛이
서쪽하늘 물들일 제
황금빛 들녘이
어둠에 묻히네

은행 닢 한 닢 두 잎
낙엽 되어 떨어지니
높은 산 자락엔
벌써 단풍 들었다네

무단히 설렘은
가는 세월 탓이던가
중천에 두둥실 떠오른 달이
속절없이 야속키만하구나

별을 헤는 밤

창공에 빛나는 수많은 별들,
너와 나 함께 사는 우리들마냥,
겨울엔 찬바람 빗질하여 하얀 눈송이 만들고,
여름엔 초롱 한 빛, 풀벌레 노래 키고,
봄 가을엔 깜박깜박 온갖 생명 갈무리

쉴새 없이 변화하는 계절이 와도
흩어진 듯 어우러진 아름다운 별 천지
우리네 인간사, 어찌 저와 다르랴!

저 별은 너의 별, 저 별은 나의 별
세고 또 세어도 끝없이 많은 별,
아무리 어울려도 하나되지 않으니
너는 너, 나는 나, 언제나 따로였구나!

부자富者
―사랑

누구나 하나같이 부자 되길 소망합니다.
그런데 이세상에서 가장 부자가 있습니다.
모나지도 둥글지도 않은 것이
투명한 풍선에 맑은 물 가득 채운 듯
만지면 따뜻하고 가까이하면 포근한
이슬보다 영롱하고 보석보다 더 화려한 것이
함부로 다루면 터져버릴 것 같고
욕심껏 움켜쥐면 살포시 빠져나가는
그런 것이 내 마음엔 하나 가득 있습니다.

봄이면 산수유, 개나리, 진달래 아니 목련도 좋고
여름이면 나무숲 그늘아래 매미소리 즐기며
가을 오면 오색 찬연한 단풍이랑
주렁주렁 노―란 감나무가 좋고
겨울이면 추운 줄도 모르고 옷깃 여미며
눈 쌓인 들판 길을 한없이 걷길 좋아하고
누가 훔쳐갈라 걱정 없어 좋고
주고 또 주고 아무리 퍼주어도
줄지도 매 마르지도, 닳지도 않는

그런 것이 내 마음엔 하나 가득 있습니다.

들여놓고 퍼내는 번거로움 없어도
자고 나면 채워지고, 시간가면 커지는 것이
넘쳐나도 젖지 않고, 먹고 또 먹어도
포만감 없어 좋고
시공을 초월하여 마음껏 줄 수 있어
그리운 님 안방에 몰래 갖다 전했더니
꿈결에도 알아보고 미소 지며 반깁니다.
빌 게이츠, 워렌 버펫이 나보다 더 부자일까
마음껏 주고 또 주어도 줄지 않는
그런 것이 내 마음엔 하나 가득 있습니다.

꽃비

소식은 듣고 있지만
늘 일상에 쫓기어
마음만 보냈습니다.
봄놀이, 꽃 마중을……

뿌연 연무 가리고 있어
다가서지 않으면
벚꽃인지도 모를 겁니다

가까이엔 개나리가
다소곳이 몸을 낮춰
노랗게 물 들이고
상큼하고 해맑은
소녀의 두 볼처럼
단정하게 다듬어진
정원의 철쭉들도
손만 대면 터질 듯이
부풀어 있습니다

그러던 어느 날
사월 열사 흘, 늦은 오후
원미 산 아랫길을
차로 달리던 그날
하얀 꽃 비가 흰 눈처럼 내리고
길가엔 온통 꽃잎이 흩날려

그곳에 꽃 비 되어
부서져 쏟아져 내린
내 마음을 보았습니다

'지금 나, 달리는 바쁜 마음,
이 봄도 그렇게 가고 있습니다'

꿈夢

차라리 목놓아 울어버린
소쩍새가 될 것을……

눈가에 이슬 맺힘 남이 볼까 감추고
속마음 드러날까 글로도 쓸 수 없네

너무 멀어 갈 수 없음, 핑계라도 대련마는
깊은 밤, 님 생각에 잠 못 이뤄 뒤척인다

허구한날, 세월 속에 부르다가 말 님인가
거년 가고 새해 또 와 오월마저 다 가는데

높은 산 올라서서 다 보인들 내 님 없고
상쾌한 숲 그늘, 환상의 아름다움
남들은 정겨운데 나만 혼자 애절 구나

바위 턱에 걸터앉아 하늘을 쳐다보네
숲 사이 구름 한 점, 지나칠까 두려워
조급히 그려본다, 그리운 내님 모습

천사처럼 환한 미소, 포근하게 안겨오니
얼싸안고 통곡하다 밤만 동강 내는구나!

나는 이제야 알았습니다

어느 날 공연히 허전한 이유를
나는 이제야 알았습니다

많은 사람들 함께 있어도 쓸쓸한 이유를
나는 이제야 알았습니다

눈이 펑펑 쏟아져도 외로운 이유를
나는 이제야 알았습니다

당신이 없어 공허한 것을
나는 이제야 알았습니다

설레고 가슴 뛰는 이유를
나는 이제야 알았습니다

기쁘고 즐거운 때가 언제 인지를
나는 이제야 알았습니다

당신이 함께 있을 때가 행복한 것을

나는 이제야 알았습니다

당신이 내 맘에 가득찬 것을
나는 이제야 알았습니다

당신이 그토록 소중한 것을
나는 이제야 알았습니다

당신이 내 존재의 의미인줄을
나는 이제야 알았습니다

당신을 이토록 사랑 한 줄도
나는 이제야 알았습니다

동장군의 기세

국가예비전력 게이지가
빨간 눈금을 가리키고 있다 한다
27년 만에 찾아온 강추 동장군,
변압기를 폭발시켜
졸지에 암흑 천지가 된
천 수 백세대의 아파트
툭툭 수도계량기마저
짓밟아 터뜨려놓고
서릿발을 입에 문체
안방마저 점령한 동장군

문밖에 한발만 내 디뎌도
발목이 날아갈 칼 바람이
종횡무진 난무 한데
어둠 속에 방안이
점점 얼어 들어와
커다란 사각의 얼음 안에
이불에 둘러 싸인 체 박제되어
동장군의 포로로 밤을 지샌다

봄은 오는데

어릴 때 까치가 우는 아침이면
장독대에도 지붕 위에도
산도 들도 대나무 숲에도
온 세상이 깨끗하고 포근한
솜이불에 덮인 듯
밤새내려 소복이 쌓인 하얀 눈은
놀랍고도 신기하기만 했다

새하얀 눈을 조심스레
두 손에 모아 쥐고 먹어도 보고
마을 앞 논바닥에서
뒹굴며 눈싸움도 했다
커서는 눈을 맞고 하염없이 걸으며
상념에 빠지기도 했다

지금은 눈이나 비가 오면
무서워 피하기가 바쁘다
차에 쌓인 하얀 눈이 녹으면
온통 붉은 흙먼지투성이다

눈 비마저 우리를 속이는 것일까
황사나 미세먼지를 덮어 쓰고도
연녹색 맑은 순,
선명하고 예쁜 꽃을
피울 수 있을지……

2부
낙원

신도림역

4번 홈, 가드레일을 의지한 체
가쁜 숨을 몰아 쉰다
계단을 힘껏 뛰어 올랐지만
동인천행 급행열차, 야속하게 가버린다
"천안 행 급행열차는 이미 막차가 끊겼으니
2번 홈에서 보통열차를 이용하라' 는
안내 방송이 나온다
시간은 늦은 열 시 이십 분이다.

망연히 바라보는 밤 하늘,
오른쪽으로 예쁘게 빛 단장한
에레베이타가 조용히 오르내린다
신도림 테크노 파-크
후배가 회장으로 있는 회사가
이번에 신축한 백화점이다
단지 그런 이유뿐 인데도
내 건물이나 된 듯이 대견하고 자랑스럽다

40cm정도로 일정하게 정열 된 침목
그 위를 타고 길게 뻗은 평행선 두줄

가까이도 더 멀게도 아니하면서
천리 먼 길 변함없이 자릴 지키니
수많은 사람들 제 길 찾아 오고 간다
'훌쩍 멀리멀리 나도 가 보고 싶다'는
상념에 빠져 있을 때,

갑자기 거대한 물체가 바람을 가르고
지축을 울리며 총알같이 지나간다
전국을 당일 생활 권으로 묶어준 KTX다.
'인천행 급행도 올 때가 됐는데……'
2번 홈 보통열차는 하마 두 번째 갔다.
육중한 기관차가 가까운 레일을 타고
느리게 지나간다. 신호를 받고 있는 듯하다
광주에서 오고 있는 무궁화 호다
서서히 미끄러지듯 시야를 벗어나는데
잠시 후 같은 레일로 아까와 같은 차가 빠르게 진행한다
부산서 오는 걸까, 일부 손님은
내릴 준비를 하고 있는 모습도 보인다
공연히 느리게 앞서 간 차가 걱정된다
그 시간 이후 열차가 추돌했다는 뉴스는 없었다

동터오는 제주 해변

애월리에서 곽지리까지, 해변으로 십 리길
시원한 새벽공기 상큼한 바다내음
부서지는 파도소리, 바다 숨 소리
깨끗한 제주하늘 푸른 바다 팬션,
해송 숲 가운데 그림처럼 들어 앉아
어젯밤 늦게까지 술 마시고 노래하던
흥겨운 선남들, 고즈넉이 잠 재운다
여명에 물들은 높은 하늘 조개구름
바닷물에 비춰놓고 시 한 수 읊으란다

하늘이 맞 닿은 저기 저 수평선
바다는 울먹이고 하늘은 쓸어내어
울렁울렁 너울 져 해변으로 밀어내니
묵묵히 받아들인 오만 것들이
거르고 또 씻기어져
만만사연 하나같이 모래 알 되어
파도가 실어다 뱉고 또 뱉어내니
쌓이고 또 쌓여서 백사장이 되었네

현무암 검은 바위 사이사이 모래 톱
밀려와서 부서진 하얀 물거품
인간사에 숱한 사연 또 다시 낳게 하니
부서지는 파도소리, 사라락 모래소리
심연에서 토해낸 깊은 사연 일진데
이 아침 가슴 헤친, 너와 나의 밀어들도
백사장에 흩어져 모래알이 되었으리
언제 또 다시 올까 동터오는 제주해변

만추의 울산바위

불기둥 솟아올라
맹렬한 기세로
사방에서 타 오른다
미시 령 옛 고갯길
바라보는 울산바위

기암 괴석으로 만든
왕관을 쓴 바위산
아린 전설을 안고
활활 타는 불길 속에
우뚝 서 있다

빨간 단풍 겉 불이고
노란 단풍 속 불이라
겉 불은 구백도
속 불은 천사백,
저러다가 울산바위
녹아 내림 어쩌나

빨간색 노란색
이색 저 색 고운 색
사방에서 타 올라도
불티 한 점 없구나
인간의 재앙이면
연기 자욱하련마는
청명한 하늘아래
마냥 곱기만 하다

동해안 가을 풍경

청명한 가을 하늘
연무 한 점 없는 상쾌한 아침을 간다
시원하고 맑은 공기가 폐부를 찌른다
정체 없이 터진 길, 영동고속도로
황금빛 시야의 가을 풍경이
한 폭의 유화를 본듯하다
일상의 번다 함에서 벗어나
무아지경의 자연 속으로 탈출하는 거다

자, 달려보자! 저 멋진 그림 속으로
총알처럼 진입하는 거야!
그러다가 풍덩 바다로 빠졌다
남애 항에서 유람 선 타고 하조 대까지
검푸른 바다에 몸을 맡겼다
경쾌한 음악 싣고 달리는 유람선,
끼룩 끼룩 갈매기 떼 선미에 날고
은빛 반짝이는 햇살이 눈부시다

낙산 사 입구에선 건어물이 반기고

동명 항 청정횟집 어서 들라 환영한다
숙소인 콘도엔 온천수가 자랑인데
남 녀 혼탕이라 더더욱 이채롭다
침묵으로 일관하던 그것마저도
슬그머니 일어나 호기심을 보인다

아침 일찍 케이블카로
권 금 성에 오르니
오색 찬연한 만추의 절경이 한 눈에 든다
구름 한 점 없이 쾌청한 설악의 아침은
노인도 어린이로 만드는 비법을 안다
그 정상은 빙 둘러 설악산을
한 눈에 보게 하니
둘러 둘러 기암괴석, 정상에 자리하고
아래로 아래로 화려하게 짙은 단풍
정염에 불타는 여인네 자궁 속마냥
설악은 그렇게 불타고 있다

귀로歸路

남쪽 창 열어 제쳐 먼 하늘 바라본다
맑은 햇살 저 너머로 흰 구름 한 점 떠있다
소래 산이 가까이 와 있는 것을 보니
그래도 오늘은 황사 없이 쾌청하다
길섶에 개나리 노랗게 물들고
수줍은 처녀인양 목련 꽃 망울 져
터질 듯 부풀 구나
생동하는 대지는 봄 축제가 한창이나,
님 생각에 애 태운 맘, 천근인양 무거우니
겨울 가고 봄이 와도, 남의 일 만 같구나!

길이 없어 못 가나, 차가 없어 못 가나
그대 날 부르시면 어디인들 못 가리까
님 만나 반가워도 벙어리 삼용이라
허기진 길손처럼 식당 찾아 아줌마만 바쁘다
다소곳이 앉아서 두 볼에 홍조 띠며 미소 짓는
정녕 봄 처녀가 여기에 와 있구나!

긴긴날 애절하게 보고파 한이더니

이리도 짧은 만남, 어이 감당 할까나!
그리운 님 만났으니, 온 세상이 내 것처럼
기쁨으로 채워지고 훨훨 날아 가련마는
그녀를 뒤로하고 되돌아가는 내 마음은
차라서 가는 거지, 걷는다면
주저앉아 엉엉 울고 말것다

나도 몰래 흘린 눈물 서둘러 닦아낸다
이런 저런 상념 없이, 내님 옆에 같이 타고
아지랑이 피어 오른 저 넓은 꽃 길을
바다가 말릴 때까지 제한속도 밀쳐내며
무작정 한없이 달려가고 싶구나!

소요산

신 이문 역까지는 가본 적이 있다
그 이상은 성북, 창동, 의정부가
"1호선 종점인가 보다"라고 여겼을 뿐이다.
그런데 언제부턴가 '소요산' 행이
본선에 운행되고 있었다
그저 나하고는 상관없는 곳으로만 알았다.
기껏해야 신도림에서 2호선 갈아타고
강남 간다. 어쩌다가 시청, 종로로 갈 때도 있다

그런데 그 소요산으로 등산을 간다
광주고 재경 총 동창회 산악회 행사다
새벽 미사 마치고 서둘러 집을 나섰다
부천 선. 후 배 일동은 하마 한강 도강 중이란다
어차피 소요산 입구, 10시 까지라
길이 막힐 것도, 차가 고장 날 일도 없을 터
아내 와 나는 바쁜 맘 추스르며
부천 역에서 소요산행 전철을 탔다

내가 등산가는 길이어선지 일요일이라 그런지

승객 대부분이 등산객이다.
도봉, 의정부, 동두천을 지나니 차 안이 텅 빈 것 같다
초행이라 그런지 멀고도 다소는 생소하다
소요산 역에서 후배들이 기다리고 있었다.
등산로 입구엔 광주고 동문 등산가족
일백오십 여명이 한 자리에 모였다

먹거리와 선물을 건네 받고
'자연사랑, 나라사랑, 다 함께 우리사랑'
'선서' 크게 외치고 산에 오른다
등산로 따라 숲 속 길을 오르고 또 오른다
뒤 따르는 아내, 줄곧 땀을 닦아 내는데
중 백운 대 올라서자, 숨어있다 나왔는지
한 가닥 시원한 바람, 폐부를 파고 든다

소요산역을 중심으로 빙 둘러 산이다
거의 동시에 출발 했어도 각 기수 별로
앞서거니 뒤 서거니 하다 보니
우리 내외는 다른 두 부부와 함께

17회를 대표한 여섯 명의 소 그룹이 되었다
중 백운 대에 자리하여 세 집 음식 펼쳐놓자
진수성찬 따로 없다
정오가 지났으니 시장기도 들었겠다
숲 그늘 산 마루서 걸게 한 상 받고 보니
하늘 아래 그 무엇도 부러울 게 없구나
주고 받는 정담 속에 막걸리 두 병이
순식간에 비워진다.
이럴 줄 알았으면 한 두 병 더 챙길걸.

상 백운 대(559m) 올라서니 넓고도 펑퍼짐해
여기저기 자리 깔고 한잔하며 노는 것이
잔칫집 한마당이 따로 없구나
다 함께 한번 찍고, 동기끼리 또 한번
사진 몇 번 찍고 나서 행보를 재촉하니
칼날을 세워 논 듯 바위길이 험하구나
그 틈에 만고풍상, 獨也靑靑 소나무는
松鶴을 즐겨 그린 솔거 솜씨 무색하다
이곳이 칼 바위라 몇 백 미터 되나 보다

동북으로 포천군, 남서로는 양주군
칼 바위에 소나무, 병풍을 친 듯하니
그 경지에 내가 있어 학이 된 듯 하구나

하산 길은 바위와 돌, 급경사 계곡 길
내려가도 또 가도 마냥 같은 길
지루하다 싶더니 이내 자재 암에 닿았다
원효대사가 창건했다는 절(654년) 이다
그곳에서 한참을 내려오니
단풍나무 터널 숲에 단정한 포장도로
소요산 국립공원입구
단풍이 물들면 얼마나 아름다울까
길 따라 계곡물도 옥구슬이 구르는 듯
바위틈을 이리저리 경쾌하게 흐른다
울창한 단풍 숲 바람에 술렁이며
가을 오면 '또 오라'고 손짓하며 '안녕' 한다

거문도/백도

녹동 항을 내려다보며
높다란 연 육교를 지나
'보리피리' 시비가 있는
소록도를 둘러본다
노송의 장엄함은
엄숙하기까지 하다
출렁이는 바다,
불어오는 솔바람소리로
애환을 달랬던가
'고향이 그리워도 못 가는 신세'

우주 센터가 있는 나라도
청정다도해 해상국립공원
처얼썩 철썩,
신나게 바람을 가르며
달리는 쾌속선
노루가 뛰어가듯
웨이브만 치고 난다
하늘과 바다가 맞닿는 길

이젠 갈매기도 안 보인다

천혜의 신비가 가득한 거문도,
위로는 하늘이 발 아래는 바다가
간간이 내다보이는
동백 숲 터널을 빠져나가자
잘 갈무리된 하얀 등대,
높은 전망대가 우릴 반긴다
그곳에서 다시 빠른 배로
한참을 가는 백도
흙 한 줌 없는 기암 괴석이
장관을 연출하는데
잔잔한 파도가 포말을 일으키며
간지럼을 태운다

너와 나, 우리 모두는

36년간이나 짓밟힌 祖國疆土
光復의 萬歲소리에 新 天地가 열린다
束縛당한 세월 속에 恨 맺힌 설움이
하늘, 땅, 우러르며 새 세상을 숨쉰다.
나무 한 그루, 풀 한 포기, 헌 자리 다독이며
피투성이 山河를 어루만져 눈물 질 제
새벽 공기 가르며 조국강산 찢어 젖힌
오랑캐 붉은 깃발, 피 바람을 일으키니
슬프다 백의민족, 불(火)바다 地獄이네

廢墟 위에 팽개쳐진 아득한 삶 속에서
주린 배 움켜쥐고 가난과 死鬪하며
무등 뫼(山) 높은 氣像, 살리고 가꾸어서
빛 고을(光州) 아카시아동산에 메아리 친
글 소리, 갈고 닦은 善良들의 合唱소리

雄飛의 나래를 편지 40년, 2008년
폐허와 가난을 슬기롭게 克復하고
五大洋 六大洲에

힘차게 나부끼는 태극깃발 올리니
장하다 그대 이름, 光州高17회,
부모님의 恨을 풀어 太平盛代 이루니
온 누리에 행복이 가득하구나!
벗들이여! 光州高 17회 同窓들이여!
너와나, 우리 모두는 偉大한 英雄이어라

이제 子孫萬代, 豊饒로운 터전 이루었으니
40년의 온갖 試鍊들이
튼튼한 富의 盤石이 되었도다.
이제 너와나 우리 모두는
쌓아온 金字塔의 대들보로다
명실공히 이 나라의 主人이로세
40년 苦盡甘來, 다져온 榮光
健康 지켜 또 40년, 즐겁게 살자
이제 너와나 우리 모두는 하나된 히어로
대한의 자손들이여! 웃음으로 永遠 하라!

물水
―물같이 살라더니

한 때는 하늘을 날기도 했다
둥둥 떠 유영하며
세상을 내려다 보면서---
허나 저 높은 창공엔
오직 찬 바람이 있을 뿐,
그 무엇도 없었다
높은 허공을 헤매는 것은
아무런 의미가 없음을 깨닫고
낮은 데로 임하기로 했다
우선 지표에 존재하는 모든 것에
더럽혀진 분진을 씻어내며
땅으로 내려왔다

푸른 잎은 더 푸르게
예쁜 꽃은 더욱 예쁘게
우린 그들의 몸 속까지 스며들어
활기를 불어 넣었다
마른 땅 적시고 빈 웅덩이는 채우고 넘쳐
자꾸만 아래로 더 아래로 흘러 내렸다

우린 자신을 드러내지 않으면서
모든 생명체의 갈증을 해소시켜
왕성한 삶의 활력소가 되었다

우리로 인해 온갖 만물이 생동한다
항상 낮게 있다 보니
자꾸만 높은 데로 끌어 올린다.
그러기를 반복하며 내리고 또 낮아져서
우리는 강이 되고, 바다가 되었다
우리는 다시 태어나도 그렇게 살 것이다
온갖 유기체가 우리 없인 못 산다니
우리의 소중함을 무엇에다 비기랴!

연자매

지구가 돌고 돌아
세상도 따라 돌아
호시절 어디 가고
암울한 지금,
한 톨의 알곡이라도
얻을 수만 있다면
무겁고 육중한
바위인들 못 옮길까
이 한 몸 지고 져도
돌고 도는 소가 되어
시지프스의 땀방울로
연자매를 돌리리라

가는 봄
―공원에서

벚꽃은 꽃비 되어
쏟아져 내리고
목련도 탐스런 꽃잎을
힘없이 떨구고
노란 개나리꽃
파란 싹에 자리를 내주며
가는 봄을 아쉬워하는데,
그 많은 상춘객이
가고 온 그곳에
나 홀로 저만치서
꽃 비 맞으며 걷고 있네
텅빈가슴 허전한마음
가는 봄을 말리려는가

오르고 내림의 미학

숲 속 호젓하고 좁은 비탈길
숨을 몰아 발걸음을 세며 오른다
누군가 갑자기 눈앞에 서있다
깜짝 놀라 쳐다보니
하산하는 등산객이 장승처럼 서있다
오르고 내리는 비탈길마다
수없이 많은 갱목계단을 세며 또 센다
어느 지점,
그저께는 이백여섯개였는데
어저께는 이백여덟개
오늘은 또 이백열한개나된다
날마다 세는데도 몇 개씩은 꼭 틀린다
간간이 마주치는 사람들까지 세었을까
오늘은 만나는 모든 사람들께
인사말을 건네야지 했는데도
줄곧 뒤따라오는 이가 있어 궁금해도
애써 고개 한번 못 돌리고
발걸음만 세고 또 센다
인사를 하자니

이상한 사람으로 치부할까 봐
염려스럽고 그냥 지나치자니
서먹하기 짝이 없다
어쩌다가 말 한마디 건네면
그렇게 좋아하는 것을.....

성주산 둘레길

쏟아지는 햇빛이
아무리 작열해도
숲 속은 별천지

페이브먼트에서
복사된 지열로
달구어진 온몸이
순식간에 가슴속까지
시원하다

매미들의 합창이
절정에 이르렀을 즈음
들어선 나를 알아 챘는지
울음을 뚝 그치고
발걸음을 헤며
길을 안내한다

마치 숲 속의 요정이라도
된듯한 기분으로
소리의 터널을 지난다

산山에서

까치가
왜 그녀는 못 오냐고 묻거든
모른다고 하여라
그래도 또 묻거든
근자에 소식이 없더라고 하여라
까마귀가
그 다음에 또 묻거든
글쎄 건강이 어떤지 모르겠다고 하여라
그런데도 또 묻거든
포도청에 불려갔는지 모르겠다고 하여라
매미가
나는 다 알고있는것처럼
끝끝내 캐묻거든
나도 너희들만큼이나
답답하다고 하여라

가평 아침고요수목원에서 저자 내외

3부
풍경 속에 그려진 삶

초동서곡 初冬序曲

텅 빈 들녘엔 군데군데 짚 더미
사이사이로 추풍과 삭풍이 술래잡길 하고 있다
어우러져 막 굴러도 걸그칠게 없구나
추풍은 깔깔대며 데굴데굴 구르고
삭풍은 이리저리 밀어 내려 하는데
짚단 뒤로 숨는 것을 보지 못하네

늦은 오후 불국사 출입을 통제하니
토함산 석굴암은 더더욱 안되련만
서둘러 찾아왔다 그냥 가기 아쉬워라
하늘 땅 맞닿아 어둠에 묻힐 제
별빛이 무색하다 경주시 야경
천년 고도의 혼 불이 명멸한다

포항을 지나면서 그냥 갈 수 있으랴
시원한 물 회로 여독을 푼다
어둠에 묻힌 바다 수평선을 지우고
작은 포구의 등대불만 외롭다
영덕 대게 축제가 한창인가

곳곳에 이미지간판, 스쳐가는 눈길을 붙든다

심해 온천수에 몸을 담근 체
주.모.경 서른 세 번,묵주기도 5단 바쳐
우리의 여행길에 함께 하신 님
옮기는 걸음걸음 지켜주시니
우리 일행 열다섯은 행복하기 그지없다
불영계곡 보지 않곤 가을 산을 말 하지 마라
장대한 기암괴석, 파랫트를 이고 있다
아이야 붓을 써라, 물감이 쏟아질라
청색은 이미 흘러 계곡물을 이루니
산천어 쏘가리 가제들의 천국이네

사량도

밤새달려 도착한 곳
넘실대는 파도가 쪽빛보다 더 고운
다도해 해상국립공원 삼천포 항
여객선 다리 호'가 우렁찬
뱃고동소릴 내며 우릴 반긴다
선미에 갈매기 떼 호위를 받으며
하얀 포말을 일으켜 긴 항적을 남기며
밝게 솟아오르는 찬란한 아침 햇살 속에
수줍은 여인의 다소곳한 미소처럼
조용히 반기는 사량도 돈지 선착장에
우리를 얌전히 내려놓는다
섬에 닿자마자 시작된 등정
가파른 산길 숲 속을 거침없이 오른다
사량도의 아침은 찬란한 동화 속이다
푸른 바다는 둥근 해를 띄우고
배는 왔던 길로 유유히 떠나가고
섬은 우리를 연두 빛 옷깃 속에 감춘다
수려한 바위산을 뒤로하고
앞 바다엔 군데군데 흰 돛단배 띄우고

그림같이 자리한 저 동네엔
요정들이 사는 동화나라
납작납작 켜켜이 세워 쌓아놓은
칼 바위는 요정들이 떼다 먹는 시루떡
맑은 날엔 지리산이 보인대서 지리망산
불모 산 달 바위400미터 고봉은
승천하는 용의머리라
능선과 능선을 잇는 아슬한 칼 바위는
위험과 스릴이 교차하는 절묘한 조화
용머리에 올랐다가 역린을 무사히 지나
그 등을 타고 내린듯한 전율이 흐른다
하늘과 바다 사이, 승천하려는 거대한 용
그 등에 올라 서있는 우리는
승천하는 천사들이다

길 위의 길

가로수가 옷을 벗는다
노란 은행 닢,
융단처럼 인도를 덮었다
거기에다 전 단지며
광고 명함, 담배 꽁초 등
온갖 것들이 산발적으로 흩어져있다
출근하자마자 서둘러 빗자루를 든다
보도 블록 사이사이
오만 것이 다 있다
쓸다 보면 다 보인다
행인의 눈엔 그저 길일뿐,
내 보기엔 너무나 어지럽다
온갖 것들이 뒤엉켜있어
산만하기 짝이 없다
쓴다, 쓸어서 지우니 깨끗해서 좋다
환하게 비치는 아침햇살처럼
마음까지 상쾌하다
수없이 많은 사연을 지닌 족적이
또다시 어지럽힐지라도

새 하얀 화선지를 까는 마음으로
나는 오늘도 길 위에서 길을 낸다

지구를 떠나는 날

옛날에는 그랬다
달덩이만한 꿈을
우주에 둥둥 띄웠다
나는 그 꿈을 타고
사방으로 유영을 했다
세상이 온통 내 것인 양 하였다
그러던 언제부턴가
그 달은 다시는 떠오르지 않았다

차다 버린 공처럼 작아져
울타리 밑에 버려진
내 꿈을 되 찾았을 땐
비에 흠뻑 젖은 바람 빠진
축구공이 되어있었다
잘 말려 다시 띄워보자고
바람이 통하는 양지에
건조시키고 있을 때
거센 바람이 몰려와
그것마저 휙 날려버렸다

황망히 서서 반짝이는
밤하늘의 별들을 헤쳐본다
그 어느 별에 내 꿈이 가렸는지
그러다가 문득,
다이빙하는 수영선수처럼
지구를 박차고
호수같이 깊고 푸른 창공으로
뛰어든다
내 꿈을 찾아 별나라로 간다

낚시터

풍경 Ⅰ.

울타리를 쳐 놓은 듯
400m 둘레를 빙 둘러 쌌다
솔바람 불어와 수면 위를 구른다
120 여 개의 좌 대마다
한 두 대씩 낚싯대 드리운 체
입추의 여지없이 자릴 차지하고 있다
한가위 다음날이니 태공이면
너 나 없이 같은 맘 일 게다
터진 구름 사이로 하늘이 본다
빙 둘러 그물 쳐놓고 무엇을 기다리는가!'

풍경 Ⅱ.

땅거미가 드리우자
크나큰 둥근 달이
수암 산 고봉을 타고 넘어 와
월광 소나타를 친다
네 시간 만에 원하는 자리에 앉았다

어느새 보름달, 머리 위에 와있다
노천에서 낚시하며 달빛에 먹는 음식
그 맛을 아는 이가 얼마나 될까
명절음식, 정성껏 챙겨준 아내가
새삼스레 고맙다
옆 사람을 불러 맛있게 허기를 달랬다
밤공기 차가워져 대책 없는 차림을 질타한다
차에 들어가 자다 나온 옆 사람,
동틀 녘에 낚시를 걷는가 싶더니만,
말도 없이 사라졌다
달빛에 스친 얼굴, 기억도 나질 않지만
그래도 싸한 아픔이 인다.

풍경 Ⅲ.

어느새 서산에 걸린 달이
아쉬운 듯 조용히 자태를 감춘다
내 낚시대가 '피 융' 하며 활강을 시작한다

왼쪽으로 사납게 휘몰아 돈다
힘 쓰는 양이 보통 놈이 아니다
한참 만에 끌어낸 잉어,
지금 막 펴 놓은 왼쪽 분 낚시 줄을
얼기설기 걸고 나왔다
일출 입질 시작 점이라 황당하다
그 사람 뿔났나? 주섬주섬 챙기더니
휑하니 가버린다. 출근해야 되나 보다
그 자리에 또다시 노인이 앉는다
하마 해가 중천이다, 나도 걷었다
집중한 대가代價 리라, 25수(30kg)는 되나 보다
운 좋은 놈들이다
놀던 물에 되돌려 보냈다
'와 살았다' 하고 팔뚝만한 놈들이
뿔뿔이 흩어지는 모습을 보면서
내가 마치 성인 군자라도 된 기분이 든다.
미처 다 챙기기도 전에
내 자리엔 또 다른 사람이 앉는다

달빛 연가

교교히 흐르는
적막 속에
밤새워 내 창문을
지키는 저 달은

뒤척이며 잠 못 드는
내 마음을 아는 걸까
지나내나 어차피
함께하지 못할 것을

찬바람 이겨내며
창 밖 하늘 먼 곳에서
쓸쓸한 미소로
나를 지켜주는 너

밤새 지친 몸이
여명에 스러져도
두고두고 허구한날
그 자리를 지키려나

해후 邂逅

한동안 보지 못한 안타까움에
그대 얼굴 흐려질까 두려웠습니다

한동안 듣지 못 한 그대 목소리
끈끈한 정 메 마를까 걱정입니다

단둘이 만나는 것은 겁난다며
누군가를 꼭 합석 시켜야 한다는
당신의 뜻을 어찌 모르리까

먼 길 돌아 바쁘다는 두 친구를 동반하고
님 만나러 가는 길은 애달 더이다

몇 일만 못 봐도 못 살 것 같은 당신을
수개월 만에 만났으니 얼싸안고
춤을 추어도 성이 차지 않으련만
마주앉아 가만히 얼굴만 쳐다 봅니다

하고 싶은 말들은 가슴속에 묻어 둔 체

일상적이고 상투적인 얘기만 주고 받고

어느새 헤어 져야 할 시간입니다
한마디 말은 못했어도
내 마음 임이 알고, 임의 마음 내가 아니
남몰래 하고 픈 말은
눈으로 했나 봅니다

영웅이 된 사나이들
−저승사자를 물리치고

지하 622m의 갱도,
무너져 막혀버린 유일한 출구
그 안에 갇힌 33명의 광부
한 시간, 두 시간, 하루, 이틀
시시각각 조여 드는 두려움,
허기와 갈증이 저승사자들을 앞세워
뚜벅 뚜벅 다가와 목을 조인다
서른 세 명이 이성을 잃고
살겠다고 설쳐댔다면 이들은 이미
저들의 안내를 받았으리라

그러나 여기에도 스승은 있었다
절제된 행동, 규칙적인 식사
간절한 기도를 통해 질서를 세우고
열량소비를 최소화해
생명선을 지키게 한 작업반장의
신념에 찬 카리스마 넘치는 통솔력
온 세계인의 이목이
칠레의 산호세 광산에 집중,

초조하게 그들의 생사를 지켜 보고 있다

갇힌 자들의 극한 상황을
발을 동동 구르며 속수무책으로
지켜보며 애타하는 가족들,
드디어 갱도에 산소가 공급되고
그들이 살아 있음을 알아
구조 작업 69일만에 전원 건강하게
극적인 구출이 이루어 진다
칠레만세! 산호세 만세!
구조 캡슐이 열릴 때마다
터져 나온 감격의 환호성,
"오, 하느님! 감사합니다!"

예쁜 떼보

누가 깨진 사금파리를 맞춰가며
그릇이라 우기는가
누가 잡지도 돌이킬 수도 없는 과거사로
단란한 행복을 깨뜨리려 하는가
누가 지난 과거를 현재라고 우기는가
생트집을 잡지 말고 차라리
막막하고 답답한 현실을 탄하라

모든 것이 정지된 지금,
정도 情到의 징표들이
여기저기 고즈넉이 자리하고 있는데
누가 누구를 떠난다는 말인가
그렇다면 지금까지의 당신은
누구였던가

영근 사랑의 밀어들이
귓전에서 맴돌고 포근한 체온이
체 가시기도 전에 매몰차게
돌아설 수 있는 당신이야말로

온갖 정성 다하는 진실 앞에서
가식과 위선으로 눈을 가려왔던가

수없이 나누던 밀어들은
한낱 바닷가 모래밭에
남겨진 발자국 이었던가
수 많은 날, 쌓고 쌓았던 '우리들 집'은
꿈속에 있었던가
정녕 가라면 서러워할 당신,
이내 간장 다 녹으면
다시 보기 어려우리!

대한의 딸, 우주에서다
−이소현

5 , 4, 3, 2, 1, 발사
2008년 4월 8일 20시 16분
카자흐스탄 바이코누르 기지
우리의 딸이 지구를 박차고
우주로 솟구쳐 오른다
삼만 육천 대 일의 경쟁자를 제치고
당당히 한국을 대표하는 우주인
2년여에 걸친 온갖 훈련
남정네도 못한 것을 소연이가 해냈다.

무등 뫼 정기 받아, 너 난 곳이 광주더라
송원 초교 어린 소녀, 남다르게 자라더니
여성이란 핸디 캡을 고즈넉이 극복하고
내나라 내 조국을 우주에 빛 내는구나
열여덟 가지 막중한 사명을
수행할 10일간의 우주선 일정
한국 과학의 신 기원을 이룩하리라

태극기도 선명한 자랑스런 대한의 딸

너른 우주를 지배할 좁은 공간이지만(ISS)
어렵지 않게 임무를 수행하는
의젓한 모습이 한없이 자랑스럽구나!

갈 때는 소유즈 12호였지만
올 때는 소유즈 11호(TMA)라는데
귀환 날자 다가오니 절로 손이 모아진다
우리의 자랑스런 딸, 이소연이
무사히 귀환하기를 간절히 기도하면서
나는 여느 별보다도 파란 애머랄드 빛
아름답게 빛나는 지구에 사는 것에
감사 드리며, 둥근 달 깊은 밤, 하늘을 본다

어머니의 선물
―예순 다섯 번째 생일 전야

잠시도 짬을 낼 수 없는 분주함이
아직도 날 옭아맨다
늘 집에만 계시는 어머닌
구십 수를 넘기고 계신다
어둠이 내리면
아들이오나 며느리가 오나
큰 솥이 넘치도록 넉넉하게
국이랑 끓여놓고 기다리시는 어머니

어쩌다 모임이 빨리 끝나
일찍 집에 오게 된 날,
내일이 내 생일인줄도 모르고
새로 산 잠바가 잘 맞는지
봐달라고 하였더니
어머니 "또 어디가?" 하신다
온종일 혼자 계시는 것이 외로우신지
늘 밤 늦은 내가 걱정이신지~

"아니요, 이 옷, 잘 맞나 봐 주세요!"

"오, 그래 참 잘 맞는다"
"새로 샀어? 얼만데" 값을 물어보신다
어머니가 잘 맞는다 하시니
소매가 긴듯해도 그냥 입어야지
잠시 후 내 방으로 오신 어머니
"그 옷 내가 사준 생일선물이다"
하시며 돈을 내미신다
어찌나 단호하신지 거절 할 수 없어
받으면서도 어머니의
거침없는 사랑에 순간 어린애가 되어
찡한 감동으로 눈시울을 적신다.

계사년 섣달 그믐날

가는 년(甲午年) 발목을 붙들고 하소연 한들,
싫다고 해도 오는 년(乙未年) 막을 길 없으니
가고 오는 세월의 격랑 속에
초개처럼 떠밀려 가는
내 생의 편린片鱗들이여,
영겁의 시간 속에 수유須臾의 존재여
촌음寸陰을 아쉬워하며 쉴 새 없이
자신을 갈고 닦아 작은 이정표 하나
세울 수 있었음 좋으련만,

한없이 주어지고 끝없이 있으려니
하찮게 여기고 귀한 줄 몰랐더냐
가는 세월은 다시 아니 오고
주위의 모든 인연 항상 머물지 아니하니
하나같이 귀히 여기고 아끼고 사랑할 것을,
이제와 후회한들 되돌릴 수 없으니

늦었다 할 때가 가장 빠르다 하였거늘,
찌든 때 말끔히 지운 하얀 마음에

긍정의 문을 열고 용서와 사랑으로
혼신을 다한 행적을 쌓으면서
을미년 새해부턴 옹골차게 살아보자!

자두꽃 소녀

과수원의 자두꽃
하얀 순백의 청초함
그 안에서 자란 어린 소녀
자두꽃이 되었네
뭉게 뭉게 피어나는
꽃구름같이
고운 꿈 꾸며 자란
자두 꽃 소녀,

북풍한설 찬 바람도
모진 비바람도
당차게 견뎌내고
꽃 피워 열매 맺어
탐스럽게 잘 익은 자두처럼
처녀로 곱게 자란 그 소녀,
어느 날 엄마가 되었더니
이제는 인자한 할머니가 되셨네

하도 고운 심성이라

백발이 성성해도
얼굴은 동안이요
마음결 또한 비단이니
순수한 순백의 자두꽃
그 향기, 싱그러움이
진갑을 맞은 오늘까지도
그 자태 그대로이네

자두 꽃같이 잔잔한 미소로
늘 자상하고 따뜻한
사려 깊은 당신은
정녕 자두꽃 소녀로
건강백세 누리 리이다!
진정 우리들의 참다운 벗이여!

소록도에서 저자 내외

4부
희비쌍곡선 喜悲雙曲線

아주 먼 여행
−세월호와 함께 간 못다 핀 꽃들이여!

네가 이리도 먼 길을
떠난 줄 알았더면
내 어찌 잘 다녀오라며
앉아서 보냈으랴

네가 저토록 불안전한
배를 탈줄 알았더면
내 어찌 선선히
보내고 있었으랴

네가 탐욕과 비정으로
범벅이 된 저주스런 인간들의
손에 맡겨질 줄 알았더면
내 어찌 마음 놓고 보냈으랴

네가 차디찬 바다 밑에
철갑에 갇혀 산 체로
수장이 될 줄 알았더면
내 어찌 환한 미소로 보냈으랴

땅이 꺼지고 하늘이 무너진들
이보다 더 할 수는 없으리니
살아도 사는 게 아니요,
죽는다 해도 이 한을 어찌 달래겠는가

오늘도 네 음성 환청으로 듣는다
"엄마 아빠, 잘 다녀 왔습니다."

이 몸 한 개 별이 되어

엄마 아빠! 이제 그만 우세요!
허리가 휘도록 온갖 시련 겪어내며
길러주신 은혜에 보답할 틈도 없이
딴 세상에 온 것을 용서하세요!..
이렇게 온 것이 제 뜻이 아니더라도
엄마 아빠, 너무 슬퍼하지 마세요!
물이 차 올라도 피할 수 없는
공포의 순간을 지나자
지금은 오히려 먹먹히 가슴만 시립니다.

누구의 잘못을 탓하기 전에
저희들이 이곳에 오면서
우리나라의 구조적 비리와
탐욕으로 얼룩진 고질적 병폐를
저희들의 목숨과 바꾸어
몽땅 가져왔으니
엄마 아빠, 앞으로는 살기 좋은
대한민국이 될 거예요.

저는 이미 체온을 잃었지만.
낮에는 햇볕인양, 밤에는 달빛인양
어느 때는 스치는 바람처럼
늘 곁에 있다가
어두운 밤이면
이 몸 한 개 별이 되어
영원히 꺼지지 않는 별빛으로
반짝반짝 비춰 드릴께요
엄마 아빠, 사랑해요!

대 참사 그 후

망연자실하여
한없는 슬픔에 빠져 있을 것인가
304명의 원통한 넋을
어찌 달래려고 우두망찰
하늘만 쳐다보고 있는가
처참한 생지옥의 아비규환을
한시바삐 떨쳐버리고
미처 피기도 전에 꺾여야만 했던
고결하고 숭고한 영혼들이
일깨워준 뒤엉킨 사회악을
풀어야지 않겠는가
〈선박의 불법개조, 과적, 승선인원초과, 항법위반, 직무유기, 직무태만, 불법자금대출유용, 고용법규위반, 낙하산인사, 정경유착비리, 탈세 및 온갖 부정부패〉
 이번 사고에 연루된 온갖 죄목,
 낡은 폐습이 삼백네가지나 되지 않을까
 생 때 같은 자식을 억울하게 보낸
 가족들의 슬픔을 서둘러 달래고
 모든 분야에 걸쳐 구조적 부조리를 발본색원하여

단 한 점 부끄럼 없는 나라,
마음 놓고 살 수 있는 대한민국을 만들어
저들의 희생이 결코 헛되지 않도록
해야 하지 않겠는가

무심한 바다는 꿀 먹은 벙어리마냥
오늘도 침묵으로 울컥 이는데…

내 마음

내 마음 별이 되어
하늘 저 먼 곳에서
애틋한 정 소슬바람에 실어
밤새도록 그대와 밀어를 나누고파

내 마음 이슬이 되어
방울 방울 사랑을 실어
누구도 볼 수 없는 어둠을 타고
천사 같은 그대 얼굴 오롯이 적시고파

내 마음 호수가 되어
유리알 같이 맑은 물에
반달 같이 예쁜 조각배 띄워
백조의 꿈, 그대와 함께 꾸고파

내 마음 숲이 되어
산들바람 시원한 그늘을 내어
찌는 듯 무더운 여름 한 낮에
그대 이마 땀방울 씻어 주고파

내 마음 하얀 종이가 되어
님의 책상 위에 고즈넉이 자리하면
또박또박 그대 마음 전해오리니
온 가슴 활짝 열어 안아 주고파

오! 인천
−제 17회 아시안게임

파도가 출렁이며 춤추고
갈매기 떼 선회하며 분주히 나네
긴 항해 끝에 닻을 내리는 뱃고동소리가
항구의 부산함을 전해오는데
맑게 불어오는 가을 바람에
한들한들 흔들리는 코스모스가 곱고
고추 잠자리 푸른 하늘을 맴도는데
물길이 바람과 함께 역동적으로 움직이는
바다를 상징하는 육만여석의 주경기장에
제 17회 아시안게임에 출전하는
45개국 일만 삼천이여 건각들,
점박이 물 범 삼 남매의 안내로
의기롭게 입장하고
강화도 첨성단에서 채화된 성화가
아시아를 한 바퀴 돌아와
환한 불길을 성화대에 밝히니
삼백만 인천시민의 열화와 같은 함성이
온 땅을 뒤덮고 멀리 수평선 너머로 퍼진다
밝고 희망찬 인천,

환희와 흥겨움이 넘치는 인천,
신비롭고 새로운 미래에 도전하는 인천,

선수들이여! 용사들이여!
땀방울로 얼룩진 갈고 닦은 기량을
이곳에서 마음껏 발휘하여 추호도 후회 없는
2014년 아시안게임이 되게 하소서!
승부에 얽매이지 아니하며 건전한 스포츠 정신으로
소통과 화합의 정겨운 평화를 구현하소서!
정정당당한 페어플레이를 실현하여
승자도 패자도, 기쁨도 아쉬움도 하나로 어우러지게 하소서!
오, 인천이여 동포여!
끝나고 돌아갈 때는 못내 아쉬워 뒤돌아보고 또 보는
인천이게 하소서!
어느 누구도 인천은, 아니 대한민국이 너무 좋았노라고
가서 말 하게 하소서!
그리하여 영원히 잊지 못할 멋진 추억으로
마음속에 고이 간직하게 하소서

꿈
— 希望

마음속에서 핵분열을 하고
다시 융합하고
지쳐 쓰러져 잠든 육신을 떠나
어두운 밤길을 헤매노라면
초롱한 별빛이 영롱한
이슬방울로 세안을 시킨다

핏기 없는 달빛이 등을 떼밀어
내게 돌아올 땐
여명이 어둠을 밀어내고 있다
수없이 많은 날 밤을
반복적으로 그리하던 어느 날
온갖 시련과 고뇌가 응집된
커다란 핏덩이를
울컥 몸 밖으로 쏟아낸다

미처 여물지 못한 꿈이
마땅찮은 안타까운 시선으로
나를 응시한다.

거기엔 카타르시스를 갓 경험한
백발이 성성한 칠십 대 노인이 서 있다.

오우가

허구한날 늘 같이 다니는데
맨날 허리를 붙잡고 있는 꾸러미
늘 먹여도 허기져 하는 챙기미
높은데 올라앉길 좋아하는 보라미
작은집에 살더라도
윗동네서 살겠다는 명팔이
세속을 떠날 수 없도록 보이지 않은
목줄로 나를 묶고 있는 소통이

그날의 상황에 맞게
옷을 찾아 입고 집을 나서는데
아침이면 바빠서 서두르다 보면
다섯 녀석들 중 한두 가지씩
미처 챙기지 못하고
출근하는 때가 종종 있다

어제 입었던 옷 속에 고즈넉이 있다가
그나마 꾸러미는 자동차 출발 전에 알게 되니
아무리 바빠도 올라 갔다 오면 되는데

다른 녀석들은 무심코 있다가 나중에야
어김없이 나를 집으로 다시 불러 들인다.
그래도 내게는 너무나 소중한
너희 다섯 친구들,
다음부턴 나 출근시간이면 모두 나와
책상 위에 오붓이 모여 있음 안될까

회상 回想 I

밀 겨울 개떡 먹고 직장이 막혀
배변을 못해 야단이 나신 아버지,
생 피 빨아먹으며 초근 목피 하던
나의 유년시절이 그래도 해방된
민족이었다는 것을 살아보니 알겠다

낮엔 죽창 들고 간밤에 감춰둔
식량마저 털어간 공비 잡는다고
동네 사람들 떼지어 마을뒷산을
골짜기마다 이 잡듯 뒤지던 때가
6.25사변 중이었다는 것을 알겠다

십 리를 가도 쌀 한 톨 보기 힘든
한숫갈 꽁보리밥마저 다 먹지 말고 남기라는
이복 형의 채근이 서러워
"으앙" 하고 울어버린 나를
후다닥 뛰어들어와 안고 부엌으로 가서
소리 없이 우시던 어머니의 설움이
보릿고개를 넘는 애환이었음을 알겠다

혼자 떼어놓은 네 살배기 동생이
비석거리에서 놀다가
동네 아이들에게 얻어맞고
눈물콧물 흙 범벅이 된 체 울고 있어
나무지게를 패댕기치다시피 내려놓고
누가 때렸냐며 동생을 매질했던 때가
얼마나 서럽고 가슴 미어졌던가!지금도 아프다.

회상 回想 Ⅱ

갱 변가 빙 돌아 논둑인 너 마지기 자갈 논
남의 논을 거쳐 홈통으로 물을 대어
농사를 짓다 보니 밤새 물고를 지켜
물을 댔어도 남의 논도 다 안차
다음날도 우리 논에 벼는 땡볕에 타 드니
어린 내 애간장이 다 녹는데l
그마저도 없이 사는 사람보다는
행복이었다는 것을 살아 보니 알겠다

우연히 가슴에 찍힌 명함판 사진 한 장
중학교 복도에서 만난 그 여학생
알고 보니 내 초등학교 스승의 따님이라
특활시간에는 같이 그림을 그리고
포프라잎 하늘거리는 여름날
교정의 길을 걸으며 장난치고
빵집에서 찐빵을 같이 먹곤 하던 그녀가
내 순정을 앗아간 첫사랑이었다는 것을
지나고 보니 알겠다

가정교사 한답시고 내 공부 소홀하고
주말이면 시간 없어 한동안 시골 집에 못 가다가
혼자 농사짓고 있는 어린 동생이 보고 싶고
농사일도 걱정되어 오랜만에 허겁지겁 달려가보니
마당엔 잡풀이 무성하고 인적이 없는데
빼꼼이 열린 방문, 그 안에 어린 동생이
피골이 상접하여 앓고 누어있다
끌어안고 울고 또 울고~
내 자신에 충실하지 못하면
아픔만 남는다는 것을 살아보니 알겠다

회상回想 Ⅲ

먹고 살길 막막하여 바다로 갔다
갈매기 벗을 삼고 파도를 헤치며
보름이고 한 달이고 항구 찾아 간다
그러던 어느 날 아스라히 육지가 보인다
설레는 가슴 억누르며
미지의 세계를 탐한다
그때가 내생에 가장 왕성한 때
였다는 것을 살다 보니 알겠다

외항선을 타고 오대양을 누비던
십 년 세월 동안, 아들 딸 두 남매를 얻었다
밤이면 밤마다 두 아이는 나와 함께 있다
매일같이 키를 재 보는데 이십미리나 큰다
학교에서 시험을 보는 꿈도 자주 꾼다
어쩜 그렇게 똑 같은 꿈을
반복적으로 꾸는지는 나도 모른다
깨어보면 철썩이는 검푸른 파도를
헤쳐가는 엔진소리만 들릴 뿐 아무도 없다
그리움에 지친 상사병인 것을 살다 보니 알겠다

세상이 변한다, 어느 것 하나 변치 않은 게 없다
고희를 넘기다 보니 여기저기 내 몸에도 균열이 생긴다
그래도 꼭 한가지 죽을 때까지 변치 않는 게 있다고 믿었다
우정이다. 나는 내 친구들을 사랑한다
그런데 하찮은 금전 몇 푼, 말 한마디에도
믿고 믿었던 우정마저 변하니
세상에 변치 않는 게 없다는 것을 살다 보니 알겠다

혹한의 연말

성애가 창을 가렸소
아직 한 밤중이오마는
한기가 이불 속까지 파고듭니다
시침이 축시에서 머물러
얼어붙었는지, 초침, 분침이 끌고 가니
얼음을 부셔가며 한 발짝씩
힘들게 나아가는 것 인지

현관을 나서자 폐부를 칼질하는
동장군의 기세가 옷깃을 여미고
웅크리게 하네요!
온갖 것 다 이겨내고
세찬 바람과 맞서
힘겹게 하이 톤의 바이올린을
연주하는 가로수에서
마지막 잎새 서너 개가
무희처럼 인도에 뛰어내려
강아지 꼬리 물고 맴돌 듯
낄낄거리며 몇 바퀴 돌다가

앞서서 내 달리며 흩어지네요

아프도록 시린 찬바람도
칼처럼 예리한 추위도
분망한 인간사에 불편을 줄 뿐
어느 것 하나도 막을 순 없으니
해마다 섣달마저 동서남북이 없네요
이 어찌 어제 오늘의 일이오마는
아무리 추워도 결혼은 해야 하고
춥다고 동창회 향우회 아니 못하고
그렇담 이승과 저승 사이
얼음 장벽이라도 쌓을 것이지---.

"두꺼운 옷 속에서 또 전화기가 우네요!"

아들아!

먼 옛날, 엄마 아빠 한자리에
온 식구 모여 앉아
오순 도순 애기하며 자두 먹을 제
탐스런 놈 양손에 들고 좋아하던 나를
예뻐하며 꼭 껴안고 입맞춤하고
두 오빠 사랑 속에 꿈 많은 신데렐라 소녀이더니

덧없이 흘러가는 세월 속에서
둥지를 옮겨와서 너희 형제 얻었는데
운명의 장난인가 부친 먼 길 가시더니
허전하고 공허한 맘, 오빠 있어 달랬건만
하늘 같은 두 오빠 예고 없이 떠나더라
애오라지 한 분이신 엄마마저, 오랜 병상 지키시며
하루에도 몇 번씩 이승 저승 넘나드니
무너지는 여린 가슴을 감당하기 어렵구나!

그래도 분에 넘친 남편사랑 내 마음 달래었고
너희 형제 키운 재미 세월 간줄 몰랐더니
도수 높은 안경에다 흰머리 염색하며

여기저기 아픈 것을 나이 탓만 하고 있다
언제 부턴가, 남편 마저 등돌려 돌아 누우니
밤만 되면 외로움에 꿈길 마저 사납구다.

하얀 밤 지 세우고 아침 맞아 기도하면
너희 형제, 내 곁에 남아 하느님께 감사하니
회한도 그리움도 원망마저도
미어질 듯 아픈 마음 씻은 듯 사라지고
새날의 아침햇살 찬란히 빛나는구나!

이제 짝을 만나 너도 떠나니, 너와 나는 하나 된 모래시계
나는 비워지는 위 주머니요, 너는 채워지는 아래쪽이라
나는 너요, 네가 나이니, 우린 영원하구나!
텅 빈 마음으로 나 혼자 남는다 해도
네 안에 나 있으리니, 네가 성하면 나도 성하리라!

추억追憶

人生, 四無 라 말 하는 이 누구던가
내 나이 육십이라 내년이면 환갑인데
오십 넘어 나이 없고, 육십 넘어 남녀 없다?
그래도 나는 아직 여자이고 싶은데
성급하게 단정지어 늙은이를 만드는구나!
이고 진 무거운 짐 하나 둘 벗어내고
홀가분한 기분으로 맘 편히 살고 싶다

무자식이 상팔자라 자위하며 사는데도
병고에 시달리면 죽음보다 더 무서운
외로움이 엄습하니, 목숨보다 소중한 게
자식인가 영감인가, 더 한 게 사랑인가
이런저런 애착으로 바쁜 맘 달래가며
종종걸음 쳐왔더니 어느새 날 저물어
땅거미가 지는구나!

자식들 다 자라 제짝 만나 길 떠나고
덩그런 집안에 나 혼자 남았으니
삶이 다 이렇다면 너무 공허하구나

노모님 병상에서 이승저승 넘나들고
서방님 골프가방 필드마다 드나드니
내 마음 달랠 길 없어 옛 생각에 젖어본다.

주마등처럼 스쳐가는 중학시절 어린 소녀
비포장 신작로에 힘겨운 책가방
뿌연 먼지 일으키며 쓰리 쿼터 지나는데
손으로 얼굴 가려 호흡마저 멈춰 설 제
까까머리 남학생이 어느새 옆에 와서
허름한 자전거에 내 가방을 싣는다
그 학생이 인연되어 내 남편이 되었다면
그래도 나 혼자서 이토록 외로울까
어 허라 부질없다. 지금 와서 무슨 妄想인가
그래도 지워지지 않는 옛 추억이 새롭구나

종이배

깊은 잠 못 이루고 밤새 뒤척이다가
먼동이 트기도 전에 자리에서 일어난다
창 밖은 여전히 고요한 어둠이다
초로에 반 백에다, 육십이 중반 인데
무슨 생각 그리 많아
우두커니 창 밖을 본다

언제부턴가 이것저것 아무것도
손에 잡히는 것이 없어
공연히 세월 탓만 하고 있구나
낯익은 전화번호 하나도 없고
어제 쓴 카드만 문자에 떠 있어
충실히 제 몫을 한 핸드폰이 야속하다

날이 밝아 오는가, 까치가 운다
네 우는 사연을 낸들 어찌 알까마는
무엇인지도 모르는 막연한 기다림을
너 만은 그래도 알고 있을 듯하니
오늘은 속 시원히 내게 일러 주려무나

이런저런 생각들을 한데 모아 고이 적어
씻긴 바위 여기저기 크고 작게 있는 계곡
옥구슬이 구르는 듯, 맑은 물 굽이굽이
종이배 만들어서 그 위에 띄운다면
네 가서 머문 곳에 기다린 님 있을 까나

그렇구나! 내 가슴에 큰 강을 내어보자
그리고 따라가자, 내 맘 실은 종이배

망국亡國의 한恨

우리가 사는 지구처럼
밤하늘의 수많은 별 중에도
생명체가 사는 게 있을까
영겁을 살아온 중에서도
수없이 많은 천체 물리학자도
찾아내지 못했다
하여 우리가 사는 지구는
별 중의 별, 우주의 낙원,
누가 감히 이를 해하려는가

人類愛的 思考를 저버린
어리석은 획책은
위대한 단군후예의
자멸을 초래할 뿐,
주어진 것에 감사하며
순리에 부응하며
살아있는 모든 것을 사랑해야지,
누가 감히 亡國의 恨을
부르려는가

시류
―세상살이가

앞이 안 보인다
칠흑 같은 어둠
허우적대며 그것을 헤친다
빠져나가려고 안간힘을 쓴다
그러면 그럴수록
너울 성 파도가 밀려와
쓰나미처럼 떠 밀어낸다
실종 '인본주의사고'
양심, 정의, 배려, 용서
다 쓰러져 나뒹굴어졌다
그 밑에 깔리어
신음하는 민초들
햇빛을 가린 체
춤추는 물신주의 物神主義

망신일세 그려!

좀 더 참지 왜 그랬어
나도 몰라, 욱 하고 치민 것이
활 화산처럼 폭발하고 말았지
툭 하면 터지는 것이
무슨 까닭일까?

지난번엔 석유 집이
안 쓰는 차 무단히 장기 주차한다고
내가 나서서 말하다 그랬고
그 다음엔 새로 진 빌딩이
뒷길을 담도 없이 자기네 마당처럼 쓰면서
내차 빼라고 해서 열 받아 그랬고
오늘은 큰 길로 가도 되는 차가
뒷길로 들어와서 맞선다고
나무라다 그랬는데

가만 생각해보니
모든 것이 차 때문에 생긴 일
오나가나 주차문제, 어찌해야 좋을꼬!

길은 그대로요, 차는 늘어나고
공간은 점점 줄어드는데
땅은 한정되어 어찌하지 못하고

차가 없어지면 불편해서 못살 것 이고
내가 없어지면 이 꼴 저 꼴 안 보겠는데
이도 저도 뜻대로 안될 일이면
생각도 감정도 덮어두고 살아야지
부딪치면 소리 나고 심하면 깨지는데
웬만하면 손해 본 듯
꾹꾹 참고 살아야지
누가 봐도 그렇고, 체면도 있는데
이래 저래 큰 망신일세 그려!

5부
공수래공수거 空手來空手去

기도 祈禱

단아한 제단에 촛불 켜놓고
예수님 성모님 상 정성스레 모시우고
다소곳이 두 손 모아 머리 숙여 묵상하니
조용히 숨죽이는 어두움 밀쳐내고
여명에 평화로운 아침이 온다.

어릴 적엔 부모 곁에 덩달아 앉아서
아빠 엄마 모습대로 따라 기도 하였건만
세월 속에 성장하며 온갖 소원 다 비는데
면학 의 꿈 이루고 결혼도 잘해
아들 딸 건강하게 잘도 키워 왔구나

날마다 새벽마다 간절히 기도하니
전능하신 우리 주님 하나같이 들으시어
바라는 것 소원대로 모두 이뤄 주셨네
앳 띤 소망 소박한 꿈, 결혼으로 승화되고
어진 남편 해로하며 삼대가 다복하니
이제는 모든 기도 그들 위해 올립니다

저처럼 자식들도 은혜 받게 해 주십사
눈만 뜨면 제대 앞에 기도하는 어미 마음
오늘도 어제처럼 무아지경 다다르며
성모님 통한기도 주님의 이름으로 간구 하오니
저의 남편 건강도, 아들 딸 소원도
내 부모 내 형제, 일가친척 이웃집도
아니, 저를 아는 모든 사람들 에게도
지금껏 제게 주신 하늘 같은 은총을
오롯이 내리시어 두루 받게 하소서

성당의 십자가 햇빛에 반사하여
환하게 내 가슴에 비춰주시네
오소서 성령님 어서 오소서!
오늘도 기쁜 날, 행복한 하루
한없이 감사하며 주님을 찬양하리-아 멘-.

지금 우리는

과학 문명의 최 첨단尖端, 그 정점頂点에 서있다
고도의 문명과 정보화로
온 인류가 글로벌 화 하고 있다
국경과 이념理念을 초월하여
하나의 공동체가 되어 가고 있는 것이다
협의狹義의 패러다임을 과감히 탈피脫皮하여
세계思潮의 물결에 합류 해야 한다
개인의 생각만을 고집 할 때가 아니고
온 인류가 공존할 수 있는
안전지대를 구축해 나가야 한다
도도하게 흐르는 세계경제 흐름의 급 물살을 타고 있고
그로 인한 극심한 부대낌을 당하고 있다.
이에 우리가 살아 남기 위해서라도
어느 한 민족이나 국가에 한정될 것이 아니라
모든 민족, 전 세계가 요구하는
절대적인 것을 찾아 내야 한다.
작은 것에 집착하지 말자!
시대의 트랜드에 맞추어
넓고 큰 안목으로 세상을 보자

인류가 당면 한 숙명적인 과제가 무엇인가?
고갈되고 있는 부존자원, 지구의 동공화,
배기가스에 의한 오존층의 파괴,
만년설과 빙하의 해빙으로 인한 해수면 상승
이에 따라 빈발하는 대 재앙
쓰나미, 싸이크론, 지진, 타이푼, 토네이도 등
과연 우리는 여기에 속수 무책인가?
아니다, 찾아보자 길은 있다.
대체 에너지 개발이다.
다이나믹 하고 무한하며 무해한 에너지,
우리는 반드시 이것을 찾아야 한다.
또한 큰 것을 도모하자면 작은 희생은 감수 해야 한다.
지금 우리는 큰 생각을 해야 한다.
스스로를 작은 것에 옭아 매지 말자!
지금 우리는 세계로 미래로 웅비雄飛 해야 할 때다.
자중하자, 우리의 소중한 에너지를 함부로 낭비 하지 말자!
너도 나도 일터를 버리고 뛰쳐 나와 어쩌자는 것인가?
우리 모두는 가장 소중한 존재요, 어디서 무엇을 하건
본인에게는 가장 큰 역할을 하는 주인이다.

그런데 자기가 해야 할 일을 아니하고 마구 팽개치는 것은
자신을 버리는 것이다. 제 자리로 돌아가자!
할 일을 하면서 주장할 것 있으면 주장하자
나라가 어지럽다. 심한 현기증에 두통이 심하다.
나라가 바로서야 나도 바로 서게 된다.

동행

어딜 가시려고 그러하시오?
이사람, 가긴 어딜 간다고……
오라는데도 없고 갈 데도 없어
멍하니 천 날, 만 날 하늘만 쳐다보네
저 멀리 보이는 산 그 너머에도
우리 미처 못 가 본 곳 많으리 이다.
휘적 휘적, 쉬엄 쉬엄
가 볼 수도 있으련만
어디 간들 반기겠소, 이 늙은 두 노인

불 그래 홍조 띠며 수줍던 그 소녀가
만년세월 다 훔친 듯 주름살투성이요
칠흑머리 곱게 빗어 공주님 같더니만
백발이 성성하여 파 파 할멈 되었으니
함께한 우리 삶이 반 백 년 도 넘었구나

품 안에서 재롱 떨던 어린 새끼들
어느덧 성인되어 훌쩍 다 떠나고
호젓이 남은 것이 당신과 나 뿐이라

거울 속에 비친 모습 세월을 탓 하느니
차라리 눈을 감고 고갤 돌린다

할아버지 큰 기침에 새벽잠 설쳤더니
세월이 말해주어 이제야 알겠구나
날이 새도 하릴없어 답답 할 진데
간 밤에도 몇 축이나 시계를 본다
할멈아 나가 보자 날이 밝았다
탄 천에 개구리가 우릴 알아봐
앞서서 펄쩍 펄쩍 잘도 뛰는데
어기적 우리할멈 참도 더디다

아파트 높은 빌딩 많은 사람들
위에서 내려다 봐 우섭 겠구나
세월 속에 빛 바랜 하얀 공 두 개
아파트 둘레를 돌고 또 돌아
그래도 쉬지 않고 자꾸만 돈다

영겁이 둥그런 원이라던가

돌아도 돌아도 끝이 없는 원,
북망산 천 여행 길도 이렇다 하면
우리는 두려울 게 하나도 없네
매일같이 날만 새면 손잡고 나와
동행하여 운동 삼아 여기 왔으니
저들도 우릴 위해 기도 하리라
내일도 모래도 그 다음날도
동행한 우리 모습 볼 수 있기를…
그 또한 살아 있음 감사하리니

그런 친구로 살자

친구야!
예쁜 자식도 어릴 때가 좋고
마누라도 아랫동네가 즐거울 때요,
형제간도 어릴 때가 더 정겹고
친구도 형편이 비슷할 때가
진정한 벗이 아니던가!

돈만 알아 요망지게 살아도
세월은 가고
조금 모자란 듯 살아도
손해 볼 것 없는 인생사,
속을 줄도 알고 질 줄도 알자!

친구야! 큰집이 열 칸이라도
누워 잠 잘 때는 여덟 자뿐이고
좋은 밭이 만평이라도
하루 보리쌀 두 되면
살아가는데 지장이 없을지니

친구야!
주안상 하나 놓고
묵은 지에 소주한잔 걸쳐가며
지나온 질곡의 세월을
훌훌 털어버리고 다가올
우리네 삶을 노래하자꾸나!

먼 곳에 있어 볼 수는 없지만
생각만해도 가슴이 벅차 올라
소식이 궁금하고 보고파지는 그런 친구,
목소리만 들어도 반갑고 정겨우며
아무 말이 없어도 같은 것을 느끼고
서로의 단점을 감싸 줄 수 있는 그런 친구
설령 잘못을 저질러도 밉지가 않는 그런 친구,
만나면 헤어지기가 못내 아쉬워
차마 발걸음이 떨어지지가 않는 그런 친구,
자네와 나, 그리고 우리
정녕 그런 친구로 살자!

설날 풍경

세월이 어디 그냥 가더냐
바람처럼 쏜살같이 스쳐가도
반드시 흔적을 남긴다
강산이 여섯 번이나 변해온 지금
끼니를 갈망하며 청상과수로
두 아들 바라보며 살아오신 어머니
어느새 망 백을 사 년이나 지내신 상 할머니요,
아들들은 칠순이 다 된 할아비다

2 . 4 . 8 . 16 …
세월의 징검다리는 숫자를 남기고
그 또한 낱낱이 생명을 잉태하여
하나같이 소중한 대 가족을 이뤘으니
설빔 곱게 차려 입은 손자 손녀들,
마냥 적적하던 집안이
온통 꽃물결로 북적 인다

올망졸망 줄줄이 세배하는 모습이
대견하고 깜찍하고 앙증스럽다

설날 모두가 한자리에 모였어도
오붓하게 밥 한끼도 먹지 못하고
손주 며느리들, 아기 챙기느라 바쁘다
장만하고 차리는 것이 힘든 줄도 모르고
할머닌 마냥 뿌듯하고 즐겁기만 하다
저녁상을 물리고 아이들 가고 나니
노을 빛 어둠 몰고 와 정적만 요요하다

점點이 선상線上에서

우주 안에 존재하는 모든 것,
나도 너도, 풀도 나무도
산과 바다 하늘의 별 까지도
점點에서 시작하여 선線으로 끝난다

우리가 느끼는 존재감,
선으로 형체를 그려내고
선으로 범위를 결정하고
선으로 부피를 표시한다

우리가 살아가는 삶,
선 따라 시간을 재고
선 따라 길을 가고
선 따라 행적을 남기고

모든 것이 점에서 시작되어
선을 이루고 세상 만물은
선에서 맺음을 맞는다

나 또한 예외 일수 없어
한낱 점이요, 선을 그리다 갈지니
그 안에 채우고 말 것이 무엇인가
점, 내가 점이요 선이니
나는 이미 세상 모든 것을 가졌도다

왜 하필 당신은

왜 하필 당신은
보내고 더욱 생각나는 사람 일까요
보내고 쉽게 잊혀지는 그런 사람이면
좋았을 텐데……

왜 하필 당신은
보내고 더욱 그리워 지는 사람일까요
보내고 더욱 미워지는 그런 사람이면
좋았을 텐데……

왜 하필 당신은
보내고 더욱 사랑하게 되는 사람일까요
보내고 아무런 미련 남지 않은
그런 사람이면 좋았을 텐데……

왜 하필 당신은
보내고 더욱 눈물 나게 하는 사람일까요
보내고 속 시원해 마음 편해지는
그런 사람이면 좋았을 텐데……

왜 하필 당신은, 왜 하필 당신은, 왜 하필 당신은…..

당신의 꽃밭
−조시 弔詩

당신은 지금 어디쯤 가시나이까
가지 말라고 그렇게 붙들어도
굳이 가신 이유가 뭡니까
이승에 남은 식구들,
끈끈한 혈육의정, 애틋한 인과의정
다 떨쳐버리고 떠나기 못내 아쉬워 망설이며
꼭 붙잡은 손을 마지못해 놓고
가신 이유가 무엇이더이까
생로 병사를 다스리시는
우리 주 하느님이 부르시더이까
아무런 근심걱정, 고통도 없는 천국이
그리웠나이까

싫은 소리 한마디 할 줄 모르던 당신
남이 좋아하는 옳은 일이라면
몸이 천근이라도 기필코 해내고 마는
살신성인의 희생정신으로 살아주신 당신

늘 온화한 미소로, 매사를 적극적으로
잘못된 일이 있어도 화내지 않으시고
자랑할 일이 있어도 쉽게 드러내지 않으시며
늘 조용히 마음을 다스리시던 당신
겨우 그만큼 사시다 가실 거면서
그 숱한 아픔을 되새김하며
용케도 참아낸 당신

이승에서 미처 못 피우신
임의 숭고한 삶의 의미들을
전능하시고 자비하신
우리 주 하느님 곁에서
영생 복락을 누리시며
아름답고 고결하게 꽃피우소서!
먼 훗날 우리는 당신의 꽃밭에 모여 앉아
천상 재회의 기쁨으로
하늘의 찬가를 부르오리다

빚쟁이

영겁의 시간 속에
왔다가는 짧은 생이라지만
선조들이 다져온 길
더 넓히고 다듬어서
좀 더 편하게 살자고
있는 것 없는 것 다 퍼부어놓고
멋지게 하였더니
이제는 가진 것 소진되어
걷기조차 힘이 드네

누구는 멋진 차로
쌩쌩 달리는데
터덜터덜 걷는 것이
너무 초라해
은행 빚 꺼내다가
남의 흉내 내다 보니
이자에 생활비가
눈덩이처럼 커져서
또 빚을 내어 빚을 갚는다

빚이 빚을 낳고 또 낳고……

이제는 빚더미에 눌려
지레 죽고 말지경,
눈 깜짝할 사이에
빚쟁이가 되었네

존재의 인식과 서정적 자아의 탐색
―송암 김종순 시집 『점點이 선상線上에서』

김 송 배
(시인. 한국시인협회 심의위원)

1. '나를 응시한' 존재의 재인식

현대시 발상의 원류는 대체로 자아의 인식에서부터 출발하게 된다. 이는 시 창작의 동기가 그 시인의 삶의 궤적(軌跡)에서 추출(抽出)하는 경향이 많고 그 삶에 내포된 정한(情恨)이 이미지로 형상화하는 경우를 많은 시인의 작품에서 이해할 수 있기 때문이다.

우리 시의 흐름이나 투영된 주제에서 인지(認知)할 수 있는 것은 이러한 존재를 확인하는 다양한 사유(思惟)의 지향점을 발견하게 되는데 그것이 한 시인의 정서에서 천착(穿鑿)하는 인간의 진실이 시적으로 표현되었음을 알 수 있을 것이다.

일찍이 프랑스의 근대 상징주의 비조(鼻祖)로 알려진 보들레르는 기쁨이든 슬픔이든 항상 그 자체 속에서 이상을 좇는

신과 같은 성격을 갖고 있는 것이 시라고 말했다. 그렇다면 우리가 시를 읽고 그의 시법(詩法)이나 주제를 탐색하다보면 그 시인이 분사(噴射)하려는 시적 진실이 무엇인가를 확인하게 된다.

여기 송암 김종순 시인이 상재하는 시집 『점點이 선상線上에서』의 원고를 읽으면서 이와 같은 존재의 인식을 먼저 상기하게 되는 것은 그가 창출하려는 주제와 시적 전개는 그의 삶에서 생성(生成)된 자아의 인식이라는 점에서 보편적으로 공유할 수 있는 진실이 형상화하고 있음을 간과(看過)할 수 없게 하기 때문이다.

우선 그는 '책 머리에'에서 '메말라가는 정서의 솥에 감정이라는 물을 부어 열정이라는 불을 지펴 살맛나는 세상이라는 밥을 짓는데 미력이나마 보탬이 되고자' 이 시집을 낸다는 시정신이 바로 우리 인간들의 근본 정신임을 일깨우면서 자신은 자신을 '응시' 하고 있는 것이다.

> 마음속에서 핵분열을 하고
> 다시 융합하고
> 지쳐 쓰러져서 잠든 육신을 떠나
> 어두운 밤길을 헤매노라면
> 초롱한 별빛이 영롱한
> 이슬방울로 세안을 시킨다
>
> 핏기 없는 달빛이 등을 떠밀어

내게 돌아올 땐
여명이 어둠을 밀어내고 있다
수없이 많은 날 밤
반복적으로 그리하던 어느 날
온갖 시련과 고뇌가 응집된
커다란 핏덩이를
울컥 몸 밖으로 쏟아낸다

미처 여물지 못한 꿈이
마땅찮은 안타까운 시선으로
나를 응시 한다
거기엔 카타르시스를 갓 경험한
백발이 성성한 칠십대 노인이 서 있다.
―― 「꿈(希望)」전문

 이 작품에서 먼저 감응(感應)할 수 있는 것은 현실적인 생활(real life)을 통해서 예리하게 자신을 응시하고 있다. 그가 혼돈의 세계 즉 현실적인 혼란('어두운 밤길을 헤매노라면')을 지나서 그는 '온갖 시련과 고뇌가 응집된 / 커다란 핏덩이를' 경험하게 되면서 재인식하게 된 것은 '나를 응시 한다 / 거기엔 카타르시스를 갓 경험한 / 백발이 성성한 칠십대 노인이 서 있다.'는 결론에 도달한다.
 그러나 이러한 현실적인 인식은 '미처 여물지 못한 꿈이 / 마땅찮은 안타까운 시선으로' 응시하는 '꿈'이라는 단정으로 그의 내면 의식을 정리하고 있다. 이러한 시적 상황이 그의 의식의 흐름에서 상당한 갈등의 요소들이 동시에 현현하면서 그에게서 진정한 진실은 무엇인가를 탐색하고 있다.

> 모든 것이 점에서 시작되어
> 선을 이루고 세상 만물은
> 선에서 맺음을 맺는다
>
> 나 또한 예외 일수 없어
> 한낱 점이요, 선을 그리다 갈지니
> 그 안에 채우고 말 것이 무엇인가
> 점, 내가 점이요 선이니
> 나는 이미 세상 모든 것을 가졌도다
> ──「점點이 선상線上에서」중에서

김종순 시인의 이러한 인식은 고차원의 상상력에서 확인할 수 있는데 그가 '우주 안에 존재하는 모든 것'이나 '우리가 느끼는 존재감' 그리고 '우리가 살아가는 삶' 등이 '점'과 '선'이라는 귀결점에서 시적 진실을 탐색하고 있다. 그는 이러한 형상(形狀)을 '나 또한 예외 일수 없음'을 자인(自認)하고 있다.

그가 다시 '점, 내가 점이요 선이니 / 나는 이미 세상 모든 것을 가졌도다'는 결론에서 이해할 수 있듯이 자신의 존재를 인식하면서 현재의 존재 이유를 구명(究明)하는 시법을 읽을 수 있게 한다.
 그는 존재를 응시면서 새롭게 인식하는 방법을 다양하게 구사(驅使)하고 있는데 '밀겨울 개떡 쪄먹고 직장이 막혀 / 배변을 못해 야단이 나신 아버지 / 생피 빨아먹으며 초근목피 하던 / 나의 유년시절이 그래도 해방된 / 민족이었다는 것을 살아보니 알겠다(「회상 1」중에서)'거나 '보도 블록 사이사이 / 오만 것이 다 있다 / 쓸다보면 다 보인다 / 행인의 눈엔 그저 길일뿐 / 내 보기엔 너무나 어지럽다' 혹은 '수없이 많은 사연을 지닌 족적이 / 또다시 어지럽힐지라도 / 새 하얀 화선지를 까는 마음으로 / 나는 오늘도 길 위에 길을 낸다(이상「길 위의 길」중에서)' 는 어조(語調)와 같이 김종순 시인은 시적인 화자(話者)인 '나'가 현재 건재(建材)하면서 삶을 영위하고 있음을 인식하고 있다.

2. '세월의 격랑'과 시간의 긍정

 김종순 시인은 세월과 동행하는 시간성에 대하여 아주 민감하게 반응하고 있다. 그 민감성은 바로 희망이거나 기원 의식이 시적 상황으로 설정되거나 작품의 전개로 변환하고 있음을 이해하게 된다.
 우리들은 이 시간성에서 창출하는 이미지들에서 많은 메시지를 체감(體感)할 수 있는데 이는 그 시간(혹은 세월)이 체험과 병행하면서 시적으로 동화(同化)하는 경향을 자주 대하고 여기에 투영된 시적 진실을 음미(吟味)하는 시법이 다양하게 창조되고 있음을 느끼게 한다.

> 가고 오는 세월의 격랑 속에
> 초개처럼 떠밀려가는
> 내 생의 편린(片鱗)들이여
> 영겁의 시간 속에 수유의 존재여
> 촌음(寸陰)을 아쉬워하며 쉴새 없이
> 자신을 갈고 닦아 작은 이정표 하나
> 세울 수 있었음 좋으련만
> ――「섣달 그믐날」중에서

> 나도 몰래 흘린 눈물 서둘러 닦아낸다
> 이런 저런 상념 없이, 내님 옆에 같이 타고
> 아지랑이 피어 오른 저 넓은 꽃 길을
> 바다가 말릴 때까지 제한속도 밀쳐내며
> 무작정 한없이 달려가고 싶구나!
> ――「귀로」중에서

이 작품 「섣달 그믐날」에서는 우선 '자신을 갈고 닦아 작은 이정표 하나 / 세울 수 있었음 좋으련만' 이라는 화자의 어조에서 알 수 있듯이 아쉬움의 시간이 적시(摘示)되고 있어서 그가 전달하고자하는 메시지는 바로 '내 생의 편린들' 이며 '영겁의 시간 속에 수유의 존재' 에 대한 아쉬운 정념(情念)의 시정(詩情)이라고 할 수 있을 것이다.

김종순 시인은 '가는 세월은 다시 아니 오고 / 주위의 모든 인연 항상 머물지 아니하니/ 하나같이 귀히 여기고 아끼고 사랑할 것을, / 이제와 후회한들 되돌릴 수 없으니' 라는 아쉬움이 곧 소망임을 간절하게 분사하고 있다.

　또한「귀로」에서도 '무작정 한없이 달려가고 싶구나!' 라는 어조와 같이 기원이거나 여망이 포함된 요망사항임을 이해하게 되는데 이는 작품「섣달 그믐날」과 함께 외형적으로 언술된 표현에서 공통의 흡인력(吸引力)을 가지고 있다. 이 작품에서도 '그리운 님 만났으니, 온 세상이 내 것처럼 / 기쁨으로 채워지고 훨훨 날아 가련마는 / 그녀를 뒤로하고 되돌아가는 내 마음은' 이라는 아쉬움이 실재 상황에서 형상화하는 여운(餘韻)을 읽을 수 있게 한다.

내 마음 별이 되어
하늘 저 먼 곳에서
애틋한 정 소슬바람에 실어
밤새도록 그대와 밀어를 나누고 파

내 마음 이슬이 되어
방울방울 사랑을 실어
누구도 볼 수 없는 어둠을 타고
천사 같은 그대 얼굴 오롯이 적시고파
　　――「내 마음」중에서

저처럼 자식들도 은혜 받게 해 주십사
눈만 뜨면 제대 앞에 기도하는 어미 마음
오늘도 어제처럼 무아지경 다다르며
성모님 통한기도 주님의 이름으로 간구 하오니
저의 남편 건강도, 아들 딸 소원도
내 부모 내 형제, 일가친척 이웃집도
아니, 저를 아는 모든 사람들 에게도
지금껏 제게 주신 하늘 같은 은총을
오롯이 내리시어 두루 받게 하소서
── 「기도」중에서

  이렇게 김종순 시인은 시간성의 긍정에서 창출하는 것은 과거와 현재의 인생 체험에서 발현된 현실적인 상황은 미래에의 기원으로 변환하는 특성을 이해할 수 있는데 이는 간절한 여망(與望)이거나 기도로 현현되고 있어서 우리들과 교감의 영역이 확대되고 있음을 알 수 있다.

  그가 작품 「내 마음」에서 '밤새도록 그대와 밀어를 나누고파' 와 '천사 같은 그대 얼굴 오롯이 적시고파', '백조의 꿈, 그대와 함께 꾸고파', '그대 이마 땀방울 씻어 주고파' 그리고 '온 가슴 활짝 열어 안아 주고파' 등의 어조처럼 그의 담대(膽大)한 베품의 여망이 넘친다.

  이러한 나눔과 베품의 여망도 김종순 시인이 체험한 상상력이 재생되고 다시 창조적으로 재생산된 진실임을 알 수 있다. 그는 '내 마음이 별이 되어' 라는 상황을 설정하고 이 상황을 다변적으로 응용해서 '이슬' 이거나 '호수', '숲' 그리고 '하얀 종이' 라는 사물 이미지를 조화롭게 전개함으로써 공감은 더욱 깊어진다.

그리고 작품 「기도」에서도 '간구' 의 기도로 그에게 내재된 정황(情況-situation)에서 애절한 기원을 현현하고 있다. '저처럼 자식들도 은혜 받게 해 주십사' 라는 어조는 바로 그가 소망하는 내적인 진실을 여과(濾過) 없이 분출하고 있다.

또한 그는 결론으로 적시한 '아니, 저를 아는 모든 사람들에게도 / 지금껏 제게 주신 하늘 같은 은총을 / 오롯이 내리시어 두루 받게 하소서' 라는 인본주의(humanism) 차원의 조용한 기도문처럼 공감을 분사하고 있어서 '오늘도 기쁜 날, 행복한 하루' 라는 시간성과 적절한 화해를 이루고 있다.

3. 시의 사회성 혹은 시사적 탐색

김종순 시인은 다시 시를 통한 현실적인 시사적(時事的)인 제재(題材)를 응용하여 강렬한 메시지를 분사하는 작품들을 많이 대할 수가 있는데 이는 그가 평소에 실생활에서 체득한 고뇌들이 시적으로 현현되는 특성을 엿보게 하고 있다.

또한 시의 사회성은 우리의 시들이 모두가 사회적인 제재를 통하지 않는 것이 없겠으나 김종순 시인은 특히 많은 소재를 사회의 현실과 직결하는 어조가 특이하게 많이 등장하고 있어서 그가 구현하려는 사회관이나 가치관의 실현을 어느 정도 짐작할 수 있음을 간과하지 못한다.

앞이 안 보인다
칠흑 같은 어둠
허우적대며 그것을 헤친다
빠져나가려고 안간힘을 쓴다
그러면 그럴수록
너울성 파도가 밀려와
쓰나미처럼 떠밀어낸다
실종 '인본주의사고'
양심, 정의, 배려, 용서
다 쓰러져 나뒹굴어졌다
그 밑에 깔리어
신음하는 민초들
햇빛을 가린 체
춤추는 물신주의 物神主義
  ――「시류―세상살이가」전문

 우리 인간들은 누구나 고립된 상태에서 생활할 수 없다. 어떤 형태로든지 서로 교류하고 집단을 이루어 사회를 형성하면서 살고 있다. 이와 같이 시도 그 사회생활에서 벗어날 수가 없다. 시는 의식적이든 무의식적이든 사회의 현실에 직면하여 거기로부터 끊임없는 주제를 찾아내는 특징이 있다.
 현대의 사회는 더욱더 그 기구나 구성이 복잡화하고 모순과 갈등이 내포하고 있어서 불합리와 비정상이 항상 노출되어 있다. 그러므로 현대의 시인들은 비록 자기의 내부에 침잠(沈潛)할 때에라도 사유의 진폭이 확대되고 있다.

  김종순 시인도 이러한 갈등의식이 분출하여 시적으로 형상화함으로써 자신의 보편적인 정서에서 다시 사회적인 공통성의 주제를 능동적으로 작품에 융합(融合)하여 우리들에게 공감대를 흡인시키고 있다.

  그는 울분에 가까운 언술로 '앞이 안 보인다 / 칠흑 같은 어둠 / 허우적대며 그것을 헤친다'는 상황 설정에서부터 감지할 수 있듯이 '시류'에 대한 경고성 메시지를 던져주고 있다. 다시 '실종 ' 인본주의사고' / 양심, 정의, 배려, 용서 / 다 쓰러져 나뒹굴어졌다'는 그의 결론적인 단정은 이 사회가 얼마나 암울한가를 시사적으로 내 뿜는 절규라고 할 수 있다.

  이러한 사회적 현실은 '신음하는 민초들'과 '춤추는 물신주의 物神主義'가 원인을 제공하고 있어서 우리가 시적인 진실의 구현에서 말하는 시의 본령(本領)인 진선미(眞善美)의 인도적 양심과 정의가 실종된 현실을 개탄(慨嘆)하고 있는 것이다.

  과학 문명의 최첨단最尖端, 그 정점頂点에 서있다
  고도의 문명과 정보화로
  온 인류가 글로벌화하고 있다
  국경과 이념理念을 초월하여
  하나의 공동체가 되어 가고 있는 것이다
  협의狹義의 패러다임을 과감히 탈피脫皮하여

세계 사조思潮의 물결에 합류해야 한다
개인의 생각만을 고집 할 때가 아니고
온 인류가 공존할 수 있는
안전지대를 구축해 나가야 한다
　　--「지금 우리는」중에서

　일찍이 시는 순수하게 생활과 사회로부터 동떨어진 미(美)를 추구하는 것으로 생각했지만 현대의 시인들은 현대라고 하는 거대한 사회의 구성원으로서 거기에서 감득(感得)하는 위기의식이나 불확실성에서 탈출하기 위한 투쟁이나 개선의 기원을 다양하게 표면화하는 경향이 많이 생성되고 있다.
　김종순 시인도 예외일 수는 없다. 그의 예리한 오감(五感)에는 이러한 사회적인 모순이 그의 진정한 시적인 정신에서 그것들을 거부하거나 개선으로 표현하지 않으면 안 된다. 이 작품「지금 우리는」에서 보는 바와 같이 그는 정의로운 결론을 제시하고 있다. 우리도 글로벌화 한 최첨단 고도의 문명과 정보화 사회에서 어떻게 공존(共存)할 것인가하는 현실적인 문제와 그 해법을 제시하고 있다.
　이러한 그의 결단은 '국경과 이념理念을 초월하여 / 하나의 공동체가 되어' 가는 현실을 직시하고 '협의狹義의 패러다임을 과감히 탈피脫皮하여 / 세계 사조思潮의 물결에 합류해야' 하고 '온 인류가 공존할 수 있는 / 안전지대를 구축해 나가야 한다' 는 화해의 해법을 주창(主唱)하고 있어서 지금 우리 사회가 당면한 국가적인 일들을 적나라(赤裸裸)하게 메시지로 전해주고 있다.

한편 작품 「망국의 한」에서도 '人類愛的 思考를 저버린 / 어리석은 획책은 / 위대한 단군후예의 / 자멸을 초래할 뿐, / 주어진 것에 감사하며 / 순리에 부응하며 / 살아있는 모든 것을 사랑해야지, / 누가 감히 亡國의 恨을 / 부르려는가'라고 감도(感度) 높게 적시하여 애국적인 신념을 분사하기도 한다.

그리고 그가 민감하게 반응하는 사회적인 문제가 바로 우리의 비극인 세월호 참사에 대해서 그의 심저(心底)에서 분출한 울분이 시적으로 형상화하고 있어서 우리들의 심정을 다시 울컥하게 하고 있다. 그는 작품 「이 몸 한 개의 별이 되어」와 「대 참사 그 후」, 「아주 먼 여행」등에서 2014년 4월 16일 침몰한 세월호에 대한 애도의 시를 보여주면서 사회적 부조리 등을 고발하고 있다.

그는 '누구의 잘못을 탓하기 전에 / 저희들이 이곳에 오면서 / 우리나라의 구조적 비리와 / 탐욕으로 얼룩진 고질적 병폐를 / 저희들의 목숨과 바꾸어 / 몽땅 가져왔으니 / 엄마 아빠, 앞으로는 살기 좋은 / 대한민국이 될 거예요.'라거나 '네가 탐욕과 비정으로 / 범벅이 된 저주스런 인간들의 / 손에 맡겨질 줄 알았다면 / 내 어찌 마음 놓고 보냈으랴'는 어조는 '우리나라의 구조적 비리'를 고발하는 시사성이 넘치는 작품으로 평가할 수 있을 것이다.

이 밖에도 작품 「신도림역」「고 한주호 해군 준위」「대한의 딸, 우주에 서다」「오, 인천」「영웅이 된 사나이들」「망신일세그려」「빚쟁이」등에서 시의 사회성과 시사성을 절실하게 분사하고 있어서 감동을 주고 있다.

4. 친자연의 이미지와 서정적 진실

김종순 시인은 어쩔 수 없는 서정 시인이다. 그의 가슴이나 뇌리(腦裏)에는 언제나 자연과 전원의 이미지가 적체(積滯)되어 있다. 이와 같은 서정성은 우리 모두에게 잠재해 있는 우리 고유의 심성(心性)이다. 그것은 우리 시인들이 만유(萬有)의 자연과 대할 때 이미 시각적으로 하나의 이미지가 형성되어 시적 발상과 주제의 투영이 동시에 이루어지는 경우가 많기 때문이다.

서정시의 표현 형태에 관해서는 대체로 세 가지로 구분해서 시론가들은 설명하고 있다. 하나는 자아의 성숙에 의하거나 또는 이상적인 세계의 존재에 의해서 양자가 서로 행복하게 만나는 전통적으로 제기되어 온 서정적 표현만을 서정시로 보고 있는 입장이며 두 번째는 자아의 세계를 가공해서, 또는 이상적이지 않은 시적 대상을 허구적으로 이상적이게 꾸미면서 서정적 세계가 이루어진 것, 이 또한 서정시에 포함시켜야 한다는 입장이다. 세 번째는 지금까지 발표된 많은 현대시들이 대부분 서정적 표현 형태를 띠고 있다고 보는 입장이다.

창공에 빛나는 수많은 별들,
너와 나 함께 사는 우리들마냥,

겨울엔 찬바람 빗질하여 하얀 눈송이 만들고,
여름엔 초롱 한 빛, 풀벌레 노래 키고,
봄 가을엔 깜박깜박 온갖 생명 갈무리

쉴새없이 변화하는 계절이 와도
흩어진 듯 어우러진 아름다운 별 천지
우리네 인간사, 어찌 저와 다르랴!

저 별은 너의 별, 저 별은 나의 별
세고 또 세어도 끝없이 많은 별,
아무리 어울려도 하나되지 않으니
너는 너, 나는 나, 언제나 따로였구나!
　　ㅡㅡ「별을 헤는 밤」전문

　김종순 시인은 자연 현상이나 자연 사물을 중점적으로 관찰하거나 응시(凝視)하는 습성이 있다. 그는 이 대자연관에서 창출하는 이미지가 가장 중요한 시적 요인으로 발전한다는 사실을 이미 숙지하고 있기 때문에 자아와의 상관성으로 한 편의 작품을 완성하고 있는 것이다.
　그는 밤마다 별을 헤고 있다. 그 별들은 '너와 나 함께 사는 우리들'로 의인화하고 있다. 그것이 '쉴새없이 변화하는 계절'과 동시에 '생명 갈무리'라는 자아의 서정세계로 형상화시키고 있다. 그는 앞에서 고찰해본 시간성의 변화에 따른 서정적 자아도 이처럼 잔잔한 시정을 자아내고 있는 것이다.

벚꽃은 꽃비 되어
쏟아져 내리고
목련도 탐스런 꽃잎을
힘없이 떨구고
노란 개나리꽃
파란 싹에 자리를 내주며
가는 봄을 아쉬워하는데,
그 많은 상춘객이
가고 온 그곳에
나 홀로 저만치서
꽃 비 맞으며 걷고 있네
텅빈가슴 허전한 마음
가는 봄을 붙들려는가
　　──「가는 봄-공원에서」전문

이 작품에서도 계절적인 시간성에서 동화(assimilation)하는 서정이 돋보인다. 봄과 공원의 상관성에서 조망(眺望)하는 자연의 서정은 봄의 메아리가 어디선가 들려오는 듯 하다. 그러나 '나 홀로 저만치서 / 꽃 비 맞으며 걷고 있네' 라는 어조의 대목에서는 약간 고독한 정감이 생성하여 더욱 서정의 개념을 확충시키고 있다.

또한 작품「봄은 오는데」에서도 '어릴 때 까치가 우는 아침이면 / 장독대에도 지붕 위에도 / 산도 들도 대나무 숲에도 /

온 세상이 깨끗하고 포근한 / 솜이불에 덮인 듯 / 밤새내려 소복이 쌓인 하얀 눈은 / 놀랍고도 신기하기만 했다'는 외형적인 시각에서 재생하는 추억의 한 풍경을 그리고 있다.

우리 시에서 이미지의 창출은 대체로 우리 신체가 간직한 오관(五官-眼耳鼻舌身)을 통해서 오감(視聽嗅味觸)의 작용으로 생성하게 된다. 대사물에서는 우선 시각(視覺)의 작용에 의해서 그 사물의 정감이 이미지로 추출되는 것이 첫째이며 다음으로 청각(聽覺), 후각(嗅覺), 미각(味覺), 촉각(觸覺)의 다양한 상상력을 유발할 수 있게 된다.

이 밖에도 김종순 시인의 서정성은 작품「달빛 연가」「꽃비」「성주산 둘레길」「초동서곡」「한가위 보름달」등등에서 그는 미적(美的)인 감응의 투영으로 서정적인 자아를 탐색하는 시법을 구사하고 있어서 그 정경(情景)이나 상황 전개와 주제의 정리는 우리의 설득력을 고양시키고 있다.

김종순 시인은 이 시집『점點이 선상線上에서』를 통해서 그가 탐색하고 구현하려는 인생관이나 가치관이 존재의 의미를 인식하면서 시간의 긍정, 시의 사회성 그리고 친자연의 이미지로 서정적 자아의 지향점을 탐구하는 시의 위의(威儀)와 본령에 충실하려는 시 정신(poetry)을 이해할 수 있게 한다.

역시 시는 외적으로 아름답기만 해서는 안 되고 사람의 마음을 뒤흔들어 읽는 이의 영혼을 뜻대로 이끌어 나가야 한다는 호라티우스의 시론까지 빌지 않더라도 내적 아름다움도 충실히 다져나가야 한다고 본다. 시집 상재를 축하한다.

김종순 시집

점이 선상에서

발행처 · 도서출판 **책마루**

발행인 · 박영봉

편집고문 · 김가배

편집 · 김성배 | 박혜숙

등록 · 2009년 1월 2일 제389-2009-000001호

2015년 9월 15일 초판 1쇄 발행

공급처 · 가나북스(☎031-408-8811)

주소 422-240 경기도 부천시 소사구 심곡본동 539-9 (3층)

대표전화 070-8774-3777

010-2211-8361

팩스 032-652-7550

http://cafe.daum.net/chaekmaru

E-mail · seepos@hanmail.net

ISBN · 978-89-97515-21-9(03810)

저작권은 저자와 도서출판 책마루에 있습니다.

무단 전재와 복제를 금합니다.

이책은 부천시 문화예술 창작지원금 일부로 제작하였습니다.